"공부습관 확실히 잡아 주는 공습국어"

•••• 공부습관을 잡으면 **성적과 학습능력**은 저절로 올라간다!

자기 분야에서 눈에 띄는 성과를 이루어 낸 많은 사람들은 한 목소리로 좋은 습관이 성공의 열쇠였다고 말합니다. 공부도 마찬가지입니다. 자신의 페이스를 꾸준히 유지하며 공부하는 습관을 들인다면 학습능력과 성적은 저절로 따라 올라갑니다.

•••• **올바른 공부습관**이 없다면 학습능력은 사상누각!

본격적인 학교 공부를 시작하는 시기인 초등학교. 바로 이때 공부습관을 제대로 잡아 주는 것이 무엇보다 중요합니다. 이때 형성된 공부습관이 이후 중·고등학교에서의 학업 성취도를 좌우하기 때문입니다.

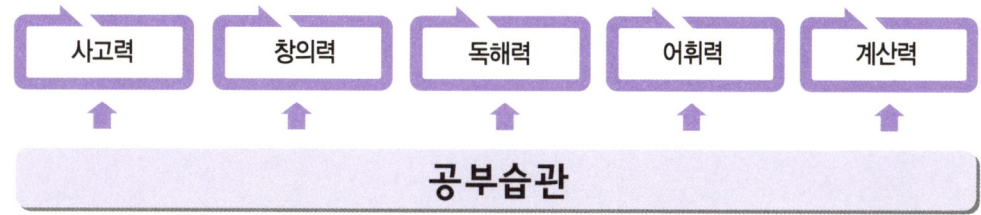

•••• '워밍업 ➔ 해결전략연습 ➔ 의욕충전'의 3단계 학습법

본격적인 운동을 하기 전에 준비운동으로 몸을 풀면, 더욱 안전하고 효과적인 운동을 할 수 있습니다. 공부를 시작하기 전에도, 먼저 두뇌를 공부할 수 있는 상태로 풀어 주어야 더욱 효율적인 공부를 할 수 있습니다. 공습국어에서는 준비운동을 통해 두뇌를 공부 모드로 바꿔 준 다음, 해결전략을 연습하는 문제를 풉니다. 그리고 공부 의욕을 높이는 짤막한 글로 마무리하여 학교·학원 공부를 더욱 충실히 수행할 수 있도록 합니다.

"공습으로 잡는 3대 공부습관"

•••• 첫째, 스스로 공부하는 습관

잔소리를 해서 공부를 시키는 부모와 잔소리 때문에 억지로 공부하는 아이, 모두 스트레스를 받습니다. 그러나 억지로 하는 공부는 오히려 아이에게 공부에 대한 반감만 일으킬 뿐입니다. 일단 아이의 공부 부담부터 줄여 주세요. 남들 한다고 따라서 이것저것 아이에게 시키지 마세요. 이 시기에는 하루하루 꾸준히 스스로 공부하는 습관을 잡아 주는 것만으로도 충분합니다.

공습은 하루 10분, 부담 없이 재미있게 공부할 수 있습니다. 아이와 하루 10분 공습공부를 약속하고 지켜 보세요. 시키지 않아도 스스로 공부하는 아이를 만날 수 있을 것입니다.

•••• 둘째, 차례차례 문제를 해결하는 습관

긴 글만 보면 괜히 주눅이 들어서 자기가 가지고 있는 실력을 100퍼센트 발휘하지 못하는 아이들이 많습니다. 이것은 무엇보다 문제의 핵심이 무엇인지 파악하는 훈련이 되어 있지 않기 때문입니다. 학년이 올라갈수록 문제를 분석하여 해결 방법을 찾는 능력이 많이 요구됩니다. 초등학교 때부터 차례차례 문제를 해결하는 방법을 훈련하여, 이를 습관으로 만들어야 합니다.

공습은 절차적 문제해결전략을 반복해서 훈련함으로써, 핵심을 잡아내는 공부습관을 만듭니다.

•••• 셋째, 꾸준히 공부하는 습관

하루 세 끼 규칙적으로, 알맞은 양을 먹는 것이 건강을 지키는 방법입니다. 공부도 마찬가지입니다. 매일매일 아이가 할 수 있는 양만큼만 꾸준히 공부한다면, 아이는 공부와 시험에 대한 부담을 덜어 내고 자신의 실력을 차곡차곡 쌓을 수 있습니다. 꾸준히 공부하기 위해서, 우선 아이 스스로가 공부는 할 만한 것이라는 자신감과 재미를 가져야 합니다.

공습은 문제해결전략만 이해하면 누구나 풀 수 있습니다. 따라서 아이는 문제를 풀면서 자신감을 갖게 되고, 이러한 자신감은 공부에 대한 재미로 이어져 꾸준히 공부할 수 있는 습관을 만듭니다.

"공습의 훈련 프로그램 - 공습국어 초등어휘"

•••• 어휘 간의 관계를 이해하고 다양하게 활용하는 습관을 잡는다.

영어 공부를 할 때는 영한사전이 아니라 영영사전을 찾아야 실력이 더 빨리 는다고 합니다. 어휘는 상황과 문맥에 따라 그 뜻이 달라지고, 비슷한 뜻의 어휘라도 상황에 알맞게 구별하여 사용해야 하기 때문입니다. 당장 문장을 해석하고 단어를 외울 때에는 단편적인 뜻을 이용하는 것이 더 편하지만 장기적으로 봤을 때 그런 습관은 독이 됩니다. 공습국어 초등어휘는 단순히 어휘의 뜻만을 외우도록 하지 않습니다. 어휘와 어휘 사이의 관계와 다양한 활용 방법을 반복적으로 훈련함으로써 다각도의 어휘 접근 방법을 일깨워 줍니다.

•••• 암기로 버텨 왔던 어휘를 사고력 확장을 이끄는 어휘로

암기를 통해 머릿속에 넣은 어휘로는 그 어휘가 원래 가지고 있는 개념만큼 다양하게 활용할 수 없습니다. 어휘는 변화무쌍하고 용례 또한 다양하기 때문에 어휘에 대한 접근 역시 과학적이고 다양한 방법으로 해야 합니다. 공습국어 초등어휘의 전략을 통해 어휘 간의 관계를 파악하고 어휘의 다양한 쓰임새를 알 수 있습니다. 어휘 간의 관계를 살펴보는 과정에서 자연스럽게 학습할 어휘의 양을 늘리고 질을 높일 수 있습니다. 또한 어떤 어휘를 보더라도 이런 전략들을 적용시키는 습관을 키울 수 있습니다. 공습국어 초등어휘는 어휘 학습뿐 아니라 사고력까지 높여 주는 과학적 프로그램입니다.

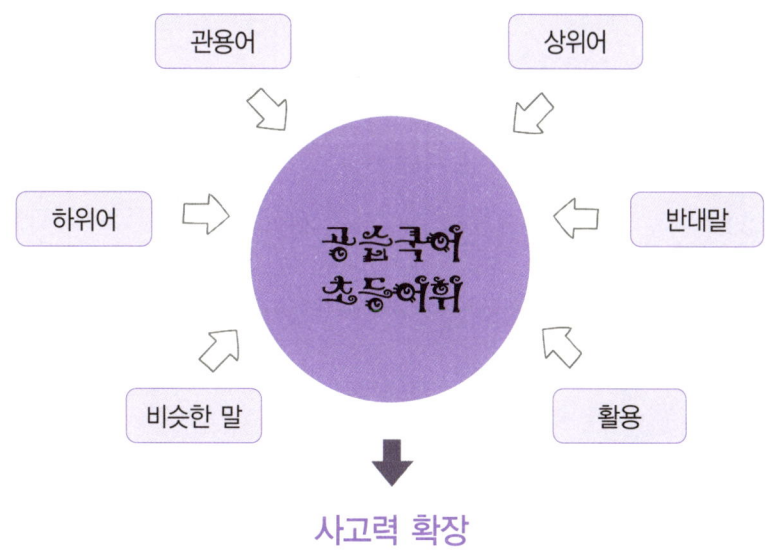

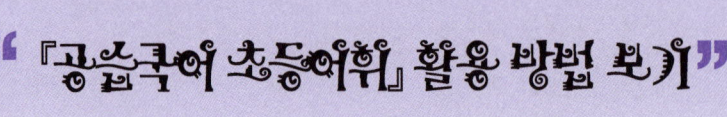

하나 처음 일주일 정도는 아이와 함께 하세요.

공습국어 초등어휘의 어휘 접근 전략을 아이가 이해할 수 있도록 일주일 정도는 아이와 함께 문제를 풀어 보세요. 각각의 전략 단계를 어떻게 풀면 되는지 설명해 주고, 채점을 통해 다시 한번 짚어 줍니다.

둘 매일 1회분씩 꾸준히 하도록 유도하되 강요하지 마세요.

아이에게 공부하라고 말하기 전에, 먼저 공부할 수 있는 환경과 조건을 만들어 주세요. 그리고 아이가 스스로 공부할 때까지 지켜봐 주세요. 또한 하루에 1회분 이상 진도를 나가지 않도록 지도해 주세요. 하루에 2회분 이상의 문제를 푸는 것은 꾸준한 공부 습관 형성에 방해가 될 수 있습니다.

셋 아이의 수준에 맞게 단계별로 선택하세요.

공습국어 초등어휘는 초등학교 교과서에서 뽑은 어휘들과 교과 과정 학습에 도움이 되는 어휘들로 이루어져 있습니다. 특히 요즘 국사의 중요성이 점점 부각되고 있기 때문에, 사회 과목의 경우 국사 영역을 따로 구분하여 어휘 학습을 하도록 구성하였습니다. 교과서를 바탕으로 한 어휘는 무엇보다 먼저, 꼭 알아야 하는 기본 어휘입니다. 또한 학교 수업에서 주로 이용되는 어휘들이기 때문에 천차만별인 아이들의 어휘 수준에 보다 가깝게 접근할 수 있습니다. 공습국어 초등어휘를 공부할 때, 해당 학년에 속하는 단계를 선택하여 학교 공부와의 연계성을 갖고 이해도를 높이는 것도 좋습니다. 그러나 학교 진도를 따라가기 위한 목적으로 무리하게 단계를 선택하지는 마세요. 공습국어 초등어휘는 단기적으로 국어 '성적'을 높이기 위한 교재가 아닙니다. 공습국어 초등어휘의 목적은 국어 '능력'을 높이는 것으로, 이것은 장기간의 훈련과 노력을 필요로 합니다. 아이의 어휘 실력에 맞는 단계를 선택할 때 최고의 효과를 얻을 수 있습니다.

단계	구성	어휘 출제 과목	출제 어휘 수
1·2학년	30회	국어, 수학, 과학, 사회, 예체능 영역	매 회 10~15개
3·4학년	30회	국어, 수학, 과학, 사회 영역	매 회 15~20개
5·6학년	30회	국어, 과학, 사회 영역	매 회 20~25개

넷 걸린 시간과 정답 개수를 꼭 적도록 하세요.

공습국어 초등어휘는 문제마다 걸린 시간과 정답 개수를 적도록 하고 있습니다. 아이들이 문제를 푼 다음, 걸린 시간을 적을 수 있도록 미리 시계를 준비해 주세요. 어휘의 양과 난이도에 따라 도전 시간에 차이를 두었습니다.

욕심이 앞서서 문제 풀이의 속도만 높이려 한다면 오히려 어휘 하나하나에 대해 고민하는 시간을 갖지 못합니다. 얼마나 많은 어휘를 외우느냐는 것은 중요하지 않습니다. 어휘를 통해 사고력까지 키울 수 있도록 여유를 가지세요. 도전 시간을 주고 걸린 시간과 정답 개수를 적게 하는 것은 집중력을 높이고 실력 향상의 재미를 느끼게 하기 위한 장치임을 꼭 기억하세요.

다섯 우리 아이, 이럴 땐 이렇게 하세요.

- **도전 시간 안에, 틀린 답 없이 문제를 풉니다.**
  뛰어난 어휘 이해 능력을 지녔습니다. 꾸준하게 훈련하면 어휘에 대한 감각이 잡히고 동시에 언어사고력 또한 발달할 것입니다.

- **(도전 시간을 기준으로) 걸린 시간은 매우 짧은데, 정답률이 낮습니다.**
  문제풀이전략을 이해하지 못한 상태에서 건성으로 문제를 푼 것입니다. 문제의 틀을 이해시키고, 한 문제 한 문제 같이 풀어 보는 과정이 필요합니다.

- **(도전 시간을 기준으로) 걸린 시간은 길지만, 정답률은 높습니다.**
  전략에 따른 문제 해결이 아직 익숙하지 않거나, 집중력이 오래 가지 못하는 것입니다. 그럼에도 문제를 꼼꼼하게 풀어낸 아이의 끈기를 칭찬해 주시고, 하루하루 지켜봐 주세요. 그리고 주변 환경을 정리하고 부모가 직접 시간을 재서 아이의 집중력이 흐트러지지 않게끔 도와줍니다.

- **(도전 시간을 기준으로) 걸린 시간은 긴데, 정답률이 낮습니다.**
  문제풀이전략을 이해하지 못한 상태이며, 집중력 또한 떨어지는 것입니다. 옆에서 좀 더 지켜보며 문제 풀이를 다시 설명해 주세요. 주변에서 쉽게 볼 수 있는 사물을 예로 들고, 그 어휘를 그림으로 표현하는 등의 활동을 통해 문제 풀이에 대한 집중력과 재미를 길러 줍니다.

『공습국어 초등어휘』구성 한눈에 보기

공습국어 초등어휘는 공부를 시작하기 위한 준비운동인 「머리 풀어주는 퍼즐」과 본격적인 문제해결전략을 연습하는 「낱말이 쏙 생각이 쏙」(1. 가로세로 낱말 찾기, 2. 낱말 뜻 알기, 3. 비슷한 말 반대말 알기, 4. 큰 말 작은 말 알기, 5. 짝을 이루는 말(관용어) 알기, 6. 낱말 활용하기), 그리고 공부 의욕을 높여 주는 「생각 다지는 글」로 구성되어 있습니다. 아이들의 어휘 수준에 맞게 '낱말'과 '어휘'라는 말을 조정하여 사용하였습니다.

준비운동 – 머리 풀어 주는 퍼즐
다양한 퍼즐을 통해 두뇌를 공부 모드로 전환하고 아울러 창의사고력을 키웁니다.

1. 가로세로 낱말 찾기
어휘를 찾아보는 가벼운 몸 풀기 문제입니다. 학습할 어휘와 뜻밖의 조합을 이루는 어휘를 찾으면서 흥미를 느낄 수 있습니다.

2. 낱말 뜻 알기
어휘의 뜻을 찾는 문제입니다. 어렴풋하게는 알지만 정확히 표현하기 어려웠던 어휘의 뜻을 사전적 설명과 그림을 통해 파악할 수 있습니다.

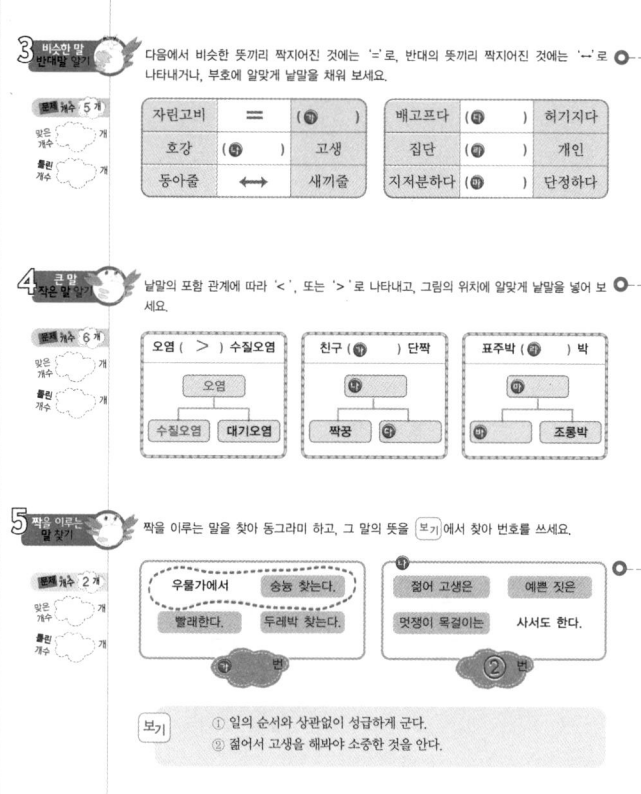

3. 비슷한 말 반대말 알기
비슷한 말과 반대말을 파악하는 문제입니다. 하나의 어휘에 연결되는 비슷한 말, 반대말까지 자연스럽게 알게 되어, 어휘의 의미를 좀 더 분명하게 알 수 있습니다.

4. 큰 말 작은 말 알기
어휘의 포함 관계를 파악하는 문제입니다. 부등호와 그것을 바탕으로 만들어진 조직도를 통해 어휘 간의 상위 개념과 하위 개념을 구분할 수 있습니다.

5. 짝을 이루는 말(관용어) 찾기
관용어를 찾고 그 뜻을 알아보는 문제입니다. 어휘가 관용적으로 쓰이면 원래의 뜻에 변화가 오기 때문에 어휘의 개념 확장에 대해 이해할 수 있습니다.

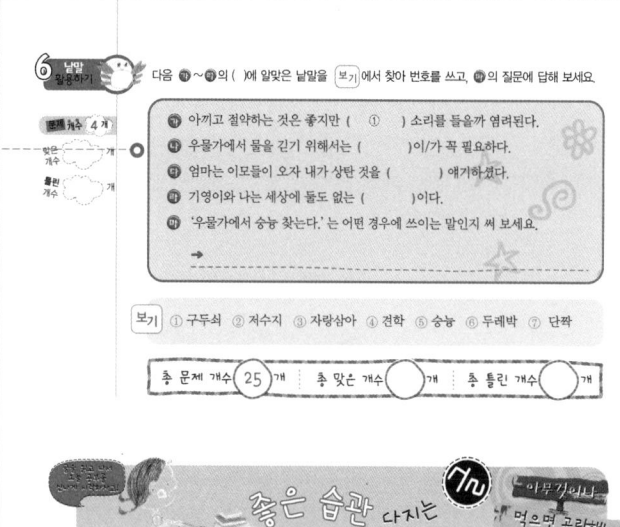

6. 낱말 활용하기
학습한 어휘가 실제 문장이나 생활에서 활용되는 것을 보여 주는 문제입니다. 문맥을 파악하고 상황을 연상하는 능력을 키울 수 있습니다.

마무리 – 생각 다지는 글
공부에 도움이 되는 이야기, 좋은 생활 습관을 다지는 이야기 등 부모가 아이에게 해 주고 싶은 이야기를 다양하게 싣고 있습니다.

"『공습국어 초등어휘』 풀이 방법 보기"

1. 가로 세로 낱말 찾기

다음 네모에서 알고 있는 낱말을 찾아 동그라미를 해 보세요.

내가 찾은 낱말 16 개

가로 혹은 세로에 숨어 있는 어휘를 찾아 동그라미로 묶습니다. 한 글자씩 겹치기도 합니다. '윷놀이'와 '더위팔기'의 끝 글자들이 '이기'라는 조금 생소한 글자를 만들기도 하고, 또 '다리'와 '밟기'처럼 각자의 뜻을 가지고 있는 어휘들이 '다리밟기'라는 하나의 뜻을 만들기도 합니다. 그래서 학습자의 수준에 따라 주어진 글자로 만들 수 있는 어휘의 개수가 달라집니다. 어떤 아이는 '동위'처럼 잘 쓰이지 않는 어휘를 찾을 것이고, 더러 호기심이 많은 아이는 '판궁'처럼 뜻이 없는 어휘를 찾아 그 뜻을 궁금해 할 것입니다.

찾은 어휘를 세어 개수를 표시합니다. 해설지에 표시된 어휘보다 더 많이 찾을 수도 있고 적게 찾을 수도 있습니다. 찾은 개수는 그다지 중요하지 않습니다. 그러나 해설지에 표시된 어휘는 교과서에서 뽑은 기본 어휘입니다. 곧 문제를 풀기 위해 기본적으로 필요한 어휘이므로 많이 찾지 못했을 경우에는 아이에게 조금 더 시간을 주세요. 그리고 아이와 함께 누가 빨리 어휘를 찾아내는지 게임을 하며 아이의 흥미를 높여 주세요.

2. 낱말 뜻 알기

다음 설명이나 그림이 뜻하는 낱말이 무엇인지 빈칸을 채워 보세요.

㉮ 곡식은 떨어지고 보리는 여물지 않아 먹을 것이 없는 때 · · 보 릿 고 개
㉯ 설날이나 추석처럼 해마다 일정하게 지키어 즐기거나 기념하는 때 · · · 명 절
㉰ 일 년 중 낮이 가장 짧고 밤이 가장 긴 절기 · · · · · · · · · · · 동 지
㉱ 일반 백성들 사이에 내려오는 풍속 등 문화를 통틀어 이르는 말 · 민 속

㉲ 탈춤　㉳ 판소리　㉴ 윷놀이　㉵ 아궁이

〈1. 가로세로 낱말 찾기〉에서 찾은 어휘 중, 설명과 그림이 가리키는 어휘를 찾아 빈칸에 써 넣습니다.

3. 비슷한 말 반대말 알기

다음에서 비슷한 뜻끼리 짝지어진 것에는 '='로, 반대의 뜻끼리 짝지어진 것에는 '↔'로 나타내거나, 부호에 알맞게 낱말을 채워 보세요.

장작	(㉮ =)	땔감
하지	↔	(㉯ 동지)
아궁이	(㉰ =)	불구멍

민속	(㉱ ↔)	현대
판소리	(㉲ ↔)	대중가요
대보름달	↔	초승달

비슷한 말끼리 짝을 지은 것에는 '같다'를 뜻하는 '='표시를, 반대말끼리 짝을 지은 것에는 '다르다'를 뜻하는 '↔' 표시를 합니다. 그리고 낱말 부분이 빈칸인 것에는 제시된 어휘와 비슷한, 혹은 반대의 뜻을 지닌 어휘를 써 넣습니다. '장작'과 '땔감'은 비슷한 뜻이니 ㉮에는 '='를 넣고, '민속'과 '현대'는 반대의 뜻이니 ㉱에는 '↔'를 넣습니다. 또 '하지'와 반대의 뜻을 가지고 있는 말을 <1. 가로세로 낱말 찾기>에서 찾으면 '동지'가 가장 적당하므로, ㉯에는 '동지'를 써 넣습니다.

4. 큰 말 작은 말 알기

낱말의 포함 관계에 따라 '<', 또는 '>'로 나타내고, 그림의 위치에 알맞게 낱말을 넣어 보세요.

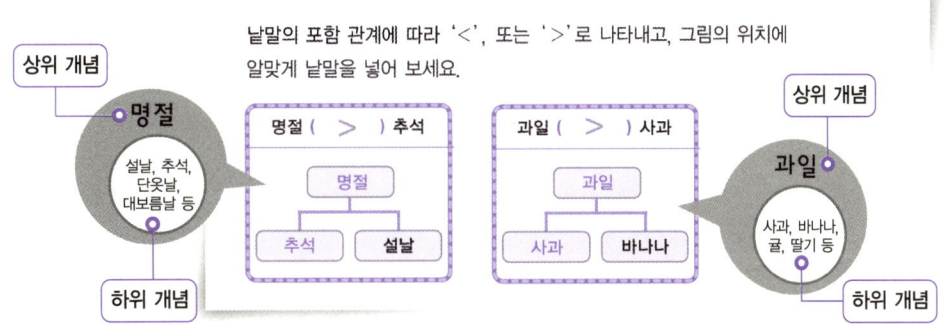

'추석'이나 '설날'은 해마다 기념하는 날들로 이들을 아울러 '명절'이라고 부릅니다. 곧 명절은 명절의 예들을 모두 포함하는 상위 개념이고, '추석', '설' 등은 명절에 포함되는 하위 개념임을 알 수 있습니다. 포함 관계를 부등호로 나타내며, 더 범위가 큰 쪽에 부등호를 향하게 합니다. 조직도에는 상위 개념이 위의 칸에, 하위 개념이 아래 칸에 들어갑니다.

벤다이어그램을 보면 어휘의 포함 관계를 더욱 쉽게 알 수 있습니다. 우선 아이들에게는 쉬운 예를 들어 설명해 주세요. '사과', '바나나', '과일'이라는 어휘가 있다면 사과와 바나나는 과일의 한 종류로 '과일'에 속합니다. 부등호는 '과일' 쪽으로 향하며, 조직도 위의 칸에는 '과일'이, 아래 칸에는 '사과'와 '바나나'가 자리합니다.

5. 짝을 이루는 말(관용어) 찾기

짝을 이루는 말을 찾아 동그라미 하고, 그 말의 뜻을 보기에서 찾아 번호를 쓰세요.

㉮
- 보릿고개가 — 바다보다 깊다.
- 밥보다 구수하다. — 태산보다 높다.

㉯ ① 번

㉰
- 한식에 죽으나 — 청명에 죽으나
- 단오에 일 떠나나 — 추석에 일하나

㉱ ② 번

보기
① 농사지은 식량으로 보리가 날 때까지 견디기가 매우 힘들다.
② 하루 먼저 죽으나 뒤에 죽으나 같다.

관용어를 이루는 어휘의 짝을 찾아 동그라미로 묶습니다. 그리고 그것들이 짝을 이루어 나타내는 뜻을 [보기]에서 찾아 그 뜻에 해당하는 번호를 빈칸에 써 넣습니다. 앞서 학습한 어휘가 들어가는 말을 최대한 이용하였고, 뜻이나 상황에서 관련성을 갖는 어휘도 이용하였습니다.

6. 낱말 활용하기

다음 ㉮~㉱의 ( )에 알맞은 낱말을 보기에서 찾아 번호를 쓰고, ㉲의 질문에 답해 보세요.

㉮ 정월 대보름날 (⑤)은/는 한여름 더위를 미리 다른 이에게 파는 놀이이다.
㉯ 예전에는 산에서 나무를 해다가 (④)(으)로 사용하였다.
㉰ 춘향가, 심청가 등의 (⑥)은/는 우리에게는 동화로 더 유명하다.
㉱ 우리나라는 밤이 긴 (②)에 팥죽을 쑤어 먹는 풍습이 있다.
㉲ '보릿고개'를 넣어 짧은 글을 지어 보세요.
→ <u>겨울이 지나고 보릿고개가 코앞에 닥쳤다.</u>

보기 ① 윷놀이 ② 동지 ③ 민속 ④ 땔감 ⑤ 더위팔기 ⑥ 판소리 ⑦ 보릿고개

학습한 어휘가 실제로 어떻게 활용되는지 보여주는 문제입니다. 앞뒤의 문맥을 보고 적합한 어휘를 선정하여 문장을 완성합니다. 그리고 짧은 글짓기를 하거나 그 말이 사용되는 상황을 연상해 보며 언어사고력을 확장시킵니다.

차례 Contents

01 회 ★ 13쪽   02 회 ★ 17쪽
03 회 ★ 21쪽   04 회 ★ 25쪽
05 회 ★ 29쪽   06 회 ★ 33쪽
07 회 ★ 37쪽   08 회 ★ 41쪽
09 회 ★ 45쪽   10 회 ★ 49쪽
11 회 ★ 53쪽   12 회 ★ 57쪽
13 회 ★ 61쪽   14 회 ★ 65쪽
15 회 ★ 69쪽   16 회 ★ 73쪽
17 회 ★ 77쪽   18 회 ★ 81쪽
19 회 ★ 85쪽   20 회 ★ 89쪽
21 회 ★ 93쪽   22 회 ★ 97쪽
23 회 ★ 101쪽 24 회 ★ 105쪽
25 회 ★ 109쪽 26 회 ★ 113쪽
27 회 ★ 117쪽 28 회 ★ 121쪽
29 회 ★ 125쪽 30 회 ★ 129쪽

정답 ★ 133쪽

공습을 시작하며...

•••• 매일 매일 즐거운 마음으로 *공습국어 초등어휘* 1회부터 30회까지 꾸준히 풀어 보세요. 자, 준비됐나요? 그럼 신나게 시작해 보세요!

01회 머리 풀어주는 퍼즐

도전 시간	걸린 시간
00 분 15 초	분 초

창의사고력 기초 다지기 주의집중력 쏙~

다음에 제시된 그림들이 종류별로 각각 몇 장씩 있는지 세어 보세요.

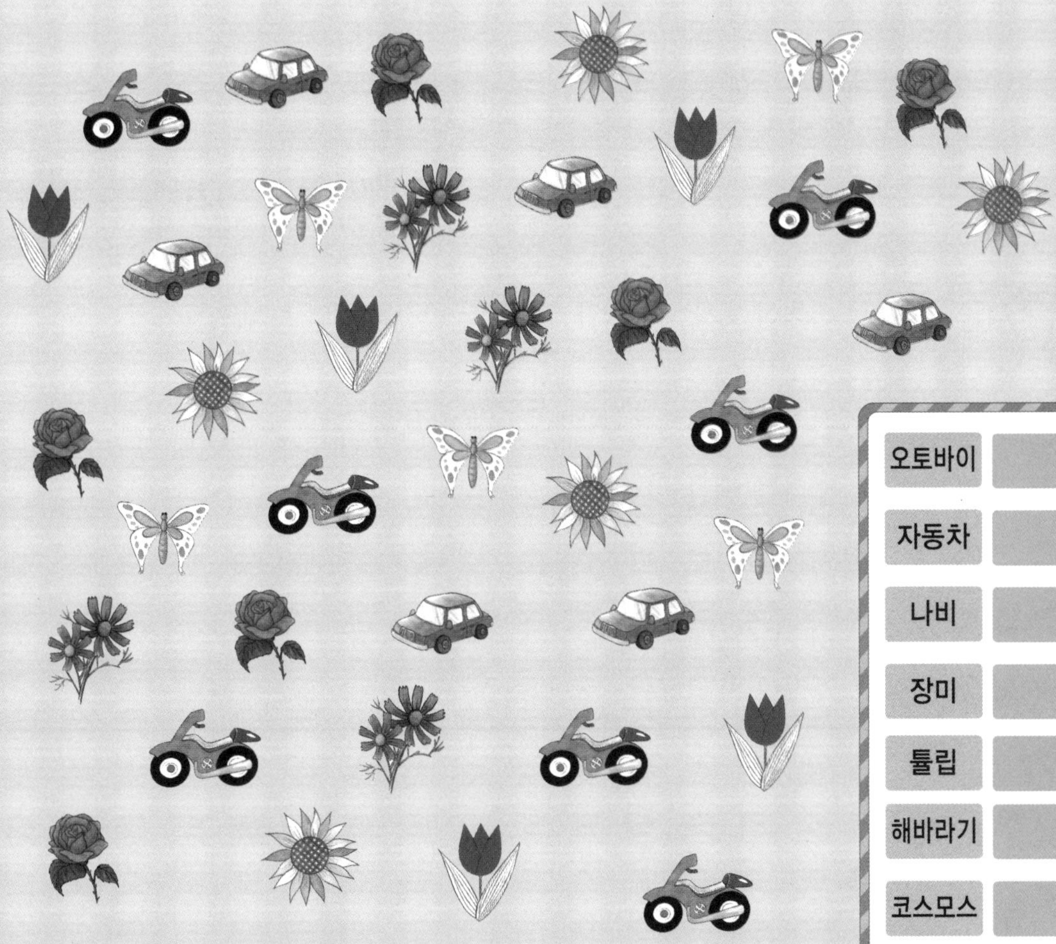

오토바이	장
자동차	장
나비	장
장미	장
튤립	장
해바라기	장
코스모스	장

낱말이 쏙 생각이 쑥

도전시간 7 분 20 초 걸린시간 분 초

1 가로세로 어휘 찾기

다음 네모에서 알고 있는 어휘를 찾아 동그라미를 해 보세요.

여기서 찾은 어휘로 2~6번 문제를 풀어요!

댕	기	★	여	★	움	팔	짱	★	짭
★	명	예	리	뻔	찔	가	마	불	조
대	령	하	다	대	★	다	짐	똥	름
꿋	꿋	함	저	고	포	실	하	게	한
거	부	감	항	굴	욕	복	종	수	풀

내가 찾은 어휘   개

2 어휘 뜻 알기

다음 설명이나 그림이 뜻하는 어휘가 무엇인지 빈칸을 채워 보세요.

문제 개수 8개
맞은 개수 □ 개
틀린 개수 □ 개

㉮ 윗사람의 지시나 명령을 기다리거나 따르다. ········ □ □ 하 다
㉯ 요구나 제의를 받아들이지 않고 물리치고 싶은 마음 ···· □ □ 감
㉰ 고집이나 늑장을 부리며 버티고 ················· □ □ 고
㉱ 조금 짠 맛이 있는 ··························· □ □ 한
㉲ 남에게 억눌리어 업신여김을 받음. ················ □ □

㉳ □ □

㉴ □ □

㉵ 도 자 기 □ □

14

3 비슷한 말 반대말 알기

다음에서 비슷한 뜻끼리 짝지어진 것에는 '='로, 반대의 뜻끼리 짝지어진 것에는 '↔'로 나타내거나, 부호에 알맞게 어휘를 채워 보세요.

문제 개수 5개

치욕	=	굴욕
저항	(가)	복종
다짐	(나)	각오

여리다	(다)	꿋꿋하다
뻗대고	(라)	순순히
(마)	=	지시

4 큰 말 작은 말 알기

어휘의 포함 관계에 따라 '<', 또는 '>'로 나타내고, 그림의 위치에 알맞게 어휘를 넣어 보세요.

문제 개수 6개

짜다 (>) 짭조름한

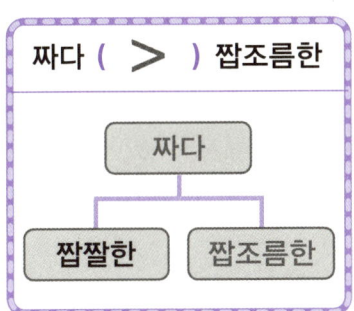

거부감 (가) 마음

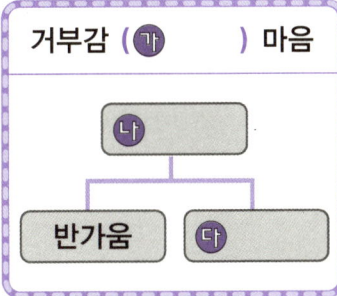

불 (라) 불똥

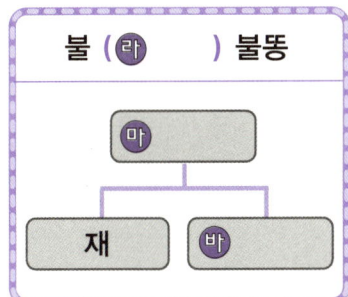

5 관용어 알기

짝을 이루는 말을 찾아 동그라미 하고, 그 말의 뜻을 보기에서 찾아 번호를 쓰세요.

문제 개수 2개

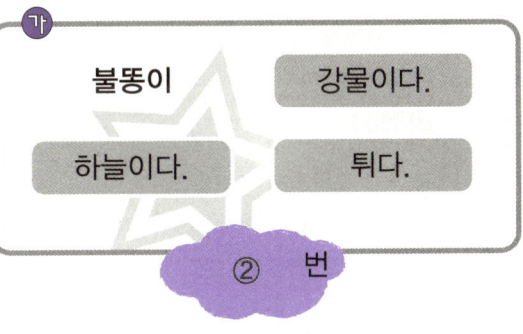

② 번

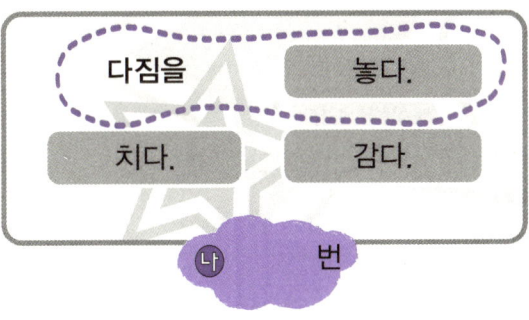

나 번

보기
① 쉬운 일이라도 힘을 들이지 않으면 이익이 되지 않음.
② 재앙이나 화가 미침.
③ 다짐을 하도록 억지로 요구함.

6 어휘 활용하기

다음 가~라의 ( )에 알맞은 어휘를 보기에서 찾아 번호를 쓰고, 마의 질문에 답해 보세요.

문제 개수 4개

맞은 개수 ___개
틀린 개수 ___개

가 머리에 빨간 (①)을/를 드린 처녀는 부끄러운 듯 고개를 들지 못했다.
나 노예는 주인의 말에 무조건 ( )해야만 했다.
다 새해 첫날, 나는 일기장에 새해의 ( )들을 정리해 두었다.
라 우리 민족의 ( )이/가 강할수록 일제의 탄압도 강해져 갔다.
마 '불똥이 튀다.' 는 어떤 경우에 쓰이는 말인지 써 보세요.

→ _____

보기
① 댕기 ② 가마 ③ 대령하다 ④ 거부감 ⑤ 짭조름한
⑥ 여리다 ⑦ 다짐 ⑧ 복종 ⑨ 저항 ⑩ 수풀

총 문제 개수 25개 | 총 맞은 개수 ___개 | 총 틀린 개수 ___개

좋은 습관 다지는

게으른 철새

겨울이 되어 철새들이 따뜻한 남쪽 나라로 날아가기 시작할 때였습니다. 모두들 떠나가는데 그 중 한 마리는 떠날 생각을 하지 않았어요. 아직 날씨도 그리 춥지 않았고 밭에는 배불리 먹을 수 있는 벼 이삭이 남아 있기 때문이었습니다. 다음날에도 새는 하루만 더 있다 가야겠다고 생각했지요. 그리고 그 다음날로, 또 다음날로 미루었습니다.

얼마 후 갑자기 날씨가 추워졌습니다. 새는 남쪽나라로 가려고 있는 힘을 다해 하늘로 날아올랐습니다. 그러나 그 동안 잘 먹고 쉬기만 했기 때문에 살이 너무 쪄서 쉽게 날아오를 수가 없었습니다. 결국 새는 남쪽으로 가지 못하고 추위에 얼어 죽고 말았습니다.

오늘 해야 할 일을 내일로 미루지 않는 습관과 나중을 준비하는 습관의 중요성, 잊지 마세요.

머리 풀어주는 퍼즐

도전 시간	걸린 시간
00 분 15 초	분 초

창의사고력 기초 다지기   연상추리력

다음 퍼즐 조각을 알맞은 위치에 넣어 퍼즐을 완성시켜 보세요.

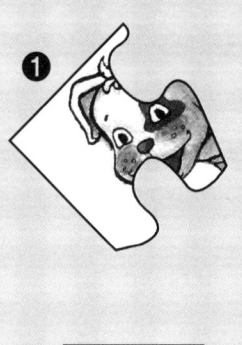
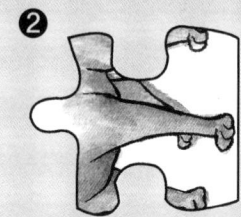
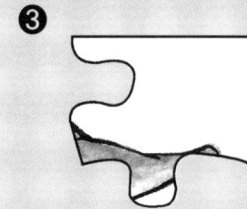

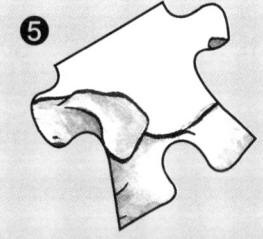
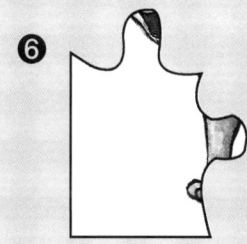
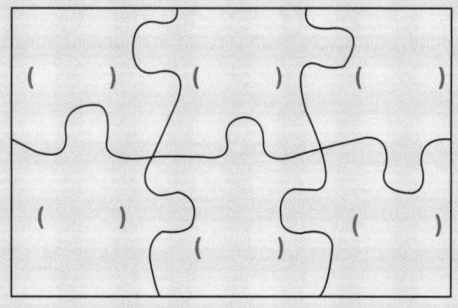

낱말이 쏙 생각이 쑥

도전시간 7분 20초 / 걸린시간 　분　초

1. 가로세로 어휘 찾기

다음 네모에서 알고 있는 어휘를 찾아 동그라미를 해 보세요.

여기서 찾은 어휘로 2~6번 문제를 풀어요!

★	장	독	평	봄	추	위	★	온	돌
유	듯	날	야	병	충	해	아	궁	이
안	개	처	★	동	지	섣	달	배	기
산	간	서	댓	등	등	거	리	자	단
빗	자	루	돌	모	시	★	죽	부	인

내가 찾은 어휘 　개

2. 어휘 뜻 알기

문제 개수 8개
맞은 개수 　개
틀린 개수 　개

다음 설명이나 그림이 뜻하는 어휘가 무엇인지 빈칸을 채워 보세요.

- 가) 농작물이 병과 해충으로 인하여 입은 피해 …… ☐ ☐ 해
- 나) 화기(火氣)가 방 밑을 통과하여 방을 덥히는 장치 …… ☐ ☐
- 다) 산과 산 사이에 산골짜기가 많은 곳 …… ☐ ☐
- 라) 건축물의 터를 반듯하게 다듬은 다음, 터보다 한 층 높게 쌓은 단 ‥ ☐ ☐
- 마) 방이나 솥 따위에 불을 때기 위하여 만든 구멍 …… ☐ ☐ 이

바)
☐ ☐ 거 리

사)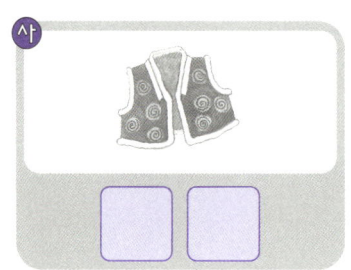
☐ ☐

아)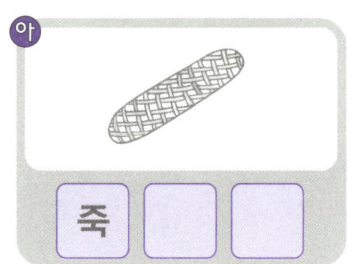
죽 ☐ ☐

18

3 비슷한 말 반대말 알기

다음에서 비슷한 뜻끼리 짝지어진 것에는 '='로, 반대의 뜻끼리 짝지어진 것에는 '↔'로 나타내거나, 부호에 알맞게 어휘를 채워 보세요.

문제 개수 5개
맞은 개수 ( ) 개
틀린 개수 ( ) 개

평야	↔	산간
평등	(가)	동등
섬돌	=	(나)

온돌	(다)	방구들
동지섣달	(라)	한겨울
장독	(마)	장항아리

4 큰 말 작은 말 알기

어휘의 포함 관계에 따라 '<', 또는 '>'로 나타내고, 그림의 위치에 알맞게 어휘를 넣어 보세요.

문제 개수 6개
맞은 개수 ( ) 개
틀린 개수 ( ) 개

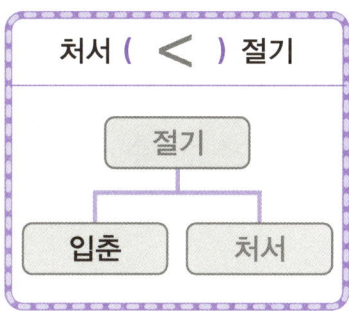
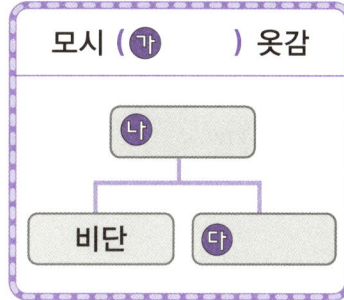
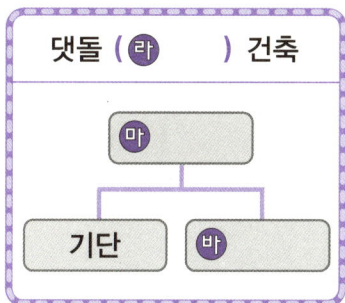

5 관용어 알기

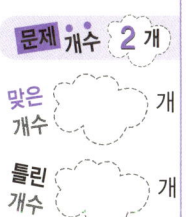

짝을 이루는 말을 찾아 동그라미 하고, 그 말의 뜻을 보기에서 찾아 번호를 쓰세요.

문제 개수 2개
맞은 개수 ( ) 개
틀린 개수 ( ) 개

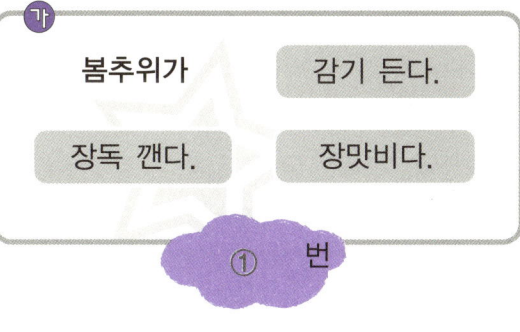
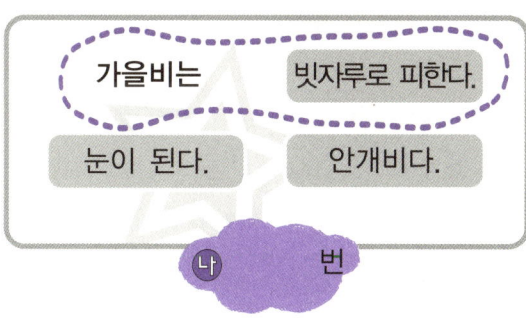

보기
① 따뜻한 봄에 예상 밖의 추위가 듦.
② 작은 힘이라도 꾸준하면 큰일을 이룰 수 있음.
③ 가을비는 내리는 양이 아주 적음.

6 어휘 활용하기

다음 ㉮~㉱의 ( )에 알맞은 어휘를 보기에서 찾아 번호를 쓰고, ㉲의 질문에 답해 보세요.

문제 개수 4개

㉮ 전통 가옥이 아랫목이 있는 것은 (④)을/를 이용해 난방했기 때문이다.

㉯ 뜻밖의 ( )(으)로 들판의 곡식들이 병들어 가고 있다.

㉰ ( ) 위에는 손님들이 벗어 놓은 신발이 가지런히 정리되어 있었다.

㉱ ( ) 지대의 사람들은 농사를 지으며 생활한다.

㉲ '죽부인'과 '등등거리'를 넣어 짧은 글을 지어 보세요.

→ _____

보기
① 장독　② 댓돌　③ 병충해　④ 온돌　⑤ 기단
⑥ 아궁이　⑦ 평야　⑧ 죽부인　⑨ 배자　⑩ 동지섣달

총 문제 개수 25개 | 총 맞은 개수 ( )개 | 총 틀린 개수 ( )개

생각하고 되새기는 7교시 - 소홀히 여기면 안 돼요!

명랑이가 꿈속에서 길을 걷고 있었습니다. 그런데 하늘에서 갑자기 천사가 내려오더니 이렇게 말했습니다. "길에 있는 돌멩이를 주워 가렴. 그러면 좋은 일이 생길 거야."

명랑이는 '참 이상한 꿈도 다 있다.' 고 생각하며 잠에서 깨어났습니다. 그리고 집 밖으로 나가 돌멩이를 몇 개 주워 주머니에 넣고 돌아왔습니다. 그런데 다음 날, 주머니를 뒤져 보니 돌멩이는 모두 다이아몬드, 금 같은 보석으로 바뀌어 있었습니다. 그제서야 명랑이는 돌멩이를 많이 집어 오지 않는 걸 후회했습니다.

우리가 소홀히 생각하는 주변의 많은 것들도 그와 같은 것입니다. 공부, 친구, 부모님, 환경, 독서, 운동……. 지금은 돌멩이처럼 쓸모없는 것처럼 보일 수 있습니다. 그러나 나중에 가서 보면 귀중한 재산이 되는 것입니다.

머리 풀어주는 퍼즐

도전 시간: 00 분 10 초
걸린 시간: 분 초

창의사고력 기초 다지기 판단능력 쑥~

다음 그림에서 보기처럼 한글 순서상 연속적으로 이어진 것을 골라 동그라미 하세요.

보기: 가나다, 아자차

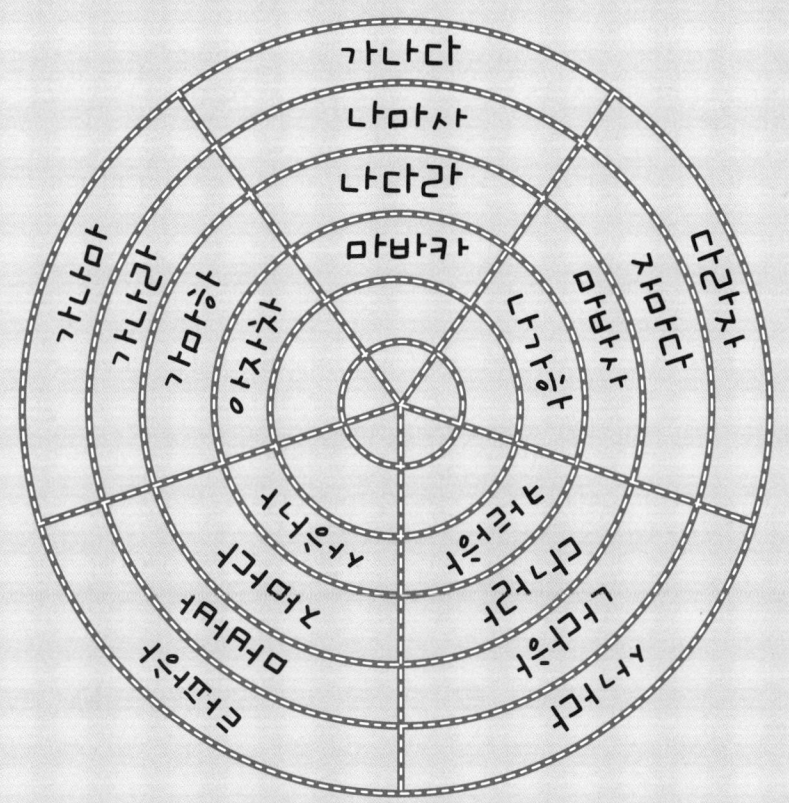

1 가로세로 어휘 찾기

다음 네모에서 알고 있는 어휘를 찾아 동그라미를 해 보세요.

흡	수	응	고	★	★	볼	★	육	측
★	방	향	★	대	야	록	해	풍	정
마	가	용	해	현	상	렌	★	수	연
개	속	액	오	목	렌	즈	지	면	교
각	도	반	사	★	종	목	일	교	차

내가 찾은 어휘 ◯ 개

2 어휘 뜻 알기

다음 설명이나 그림이 뜻하는 어휘가 무엇인지 빈칸을 채워 보세요.

문제 개수 8 개
맞은 개수 ◯ 개
틀린 개수 ◯ 개

- 가 물의 겉면 ………… ☐☐
- 나 외부에 있는 것을 내부로 빨아서 거두어들임. ……… ☐☐
- 다 육지에서 바다를 향하여 부는 바람 ……… ☐☐
- 라 일의 진행에 따라 점점 더해지며 변하는 속도 ……… ☐☐
- 마 기온, 습도, 기압 따위가 하루 동안에 변화하는 차이 …… ☐☐차

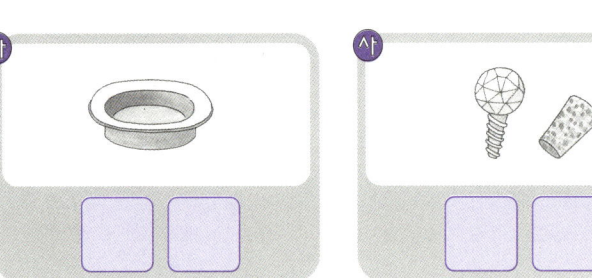

아 ☐☐렌즈

도전시간 7 분 40 초 | 걸린시간 분 초

3 비슷한 말 반대말 알기

다음에서 비슷한 뜻끼리 짝지어진 것에는 '='로, 반대의 뜻끼리 짝지어진 것에는 '↔'로 나타내거나, 부호에 알맞게 어휘를 채워 보세요.

문제 개수 5개

뚜껑	=	마개
반사	(가)	흡수
육풍	↔	(나)

수면(水面)	(다)	지면(地面)
용해	(라)	응고
(마)	↔	오목 렌즈

4 큰 말 작은 말 알기

어휘의 포함 관계에 따라 '<', 또는 '>'로 나타내고, 그림의 위치에 알맞게 어휘를 넣어 보세요.

문제 개수 6개

해풍 (<) 바람
- 바람
  - 육풍
  - 해풍

날씨 (가) 연교차
- 나
  - 일교차
  - 다

겉면 (라) 지면
- 마
  - 수면
  - 바

5 관용어 알기

짝을 이루는 말을 찾아 동그라미 하고, 그 말의 뜻을 보기 에서 찾아 번호를 쓰세요.

문제 개수 2개

(가)
동에 번쩍 / 남에 반짝
서에 번쩍 / 북에 슬쩍
③ 번

애간장을 쥐어 뜯다.
말리다. / 녹이다.
(나) 번

보기
① 몹시 걱정이 되고 안타까워 속이 녹는 듯함.
② 허황된 짓을 하도록 부추김.
③ 종적을 걷잡을 수 없을 만큼 왔다 갔다 함.

6 어휘 활용하기

다음 가~라의 ( )에 알맞은 어휘를 보기에서 찾아 번호를 쓰고, 마의 질문에 답해 보세요.

문제 개수 4개

맞은 개수 ___개
틀린 개수 ___개

- 가 나침반은 낯선 곳에 가서도 (⑨)을/를 알 수 있도록 만든 물건이다.
- 나 높은 곳에서 떨어진 물체는 점점 ( )이/가 붙어 속도가 빨라진다.
- 다 참기름은 병의 ( )을/를 꼭 닫아 둬야 향이 날아가지 않는다.
- 라 "오호! 그럼 커피가 물에 녹는 것도 ( )(이)란 말씀이시지요!"
- 마 '볼록 렌즈'를 넣어 짧은 글을 지어 보세요.

→ _____

보기
① 마개 ② 오목 렌즈 ③ 반사 ④ 수면 ⑤ 흡수
⑥ 용해 ⑦ 측정 ⑧ 가속도 ⑨ 방향 ⑩ 현상

총 문제 개수 25개 | 총 맞은 개수 ○개 | 총 틀린 개수 ○개

생각하고 되새기는 **72** 인과응보(因果應報)

마당을 청소하던 김멍청 씨는 눈에 거슬리는 커다란 돌덩어리를 집 밖에 내다 버렸습니다. 지나가던 노인이 그것을 보고 말했지요. "이봐요. 사람이 지나다니는 길에 이렇게 큰 돌을 버리면 어떻게 합니까? 남들 생각도 해야지요." 그러나 김멍청 씨는 노인의 말에 아랑곳하지 않고 자기 집으로 들어가 버렸습니다.

몇 년 후, 길을 가던 김멍청 씨는 길가에 있던 어떤 돌에 걸려 넘어졌습니다. "아이고 다리야." 김멍청 씨는 아파서 쩔쩔매며 길에 놓여 있던 돌을 노려보았어요. 그런데 그가 걸려 넘어진 돌은 바로 몇 년 전 그가 버린 돌이었습니다. '인과응보'라는 한자 성어는 이럴 때 쓰는 말입니다. 행동한 대로 돌려받는다는 뜻이죠.

창의사고력 기초 다지기

다음에서 같은 그림을 두 개 찾아 동그라미 하세요.

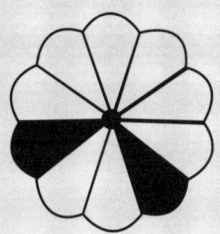 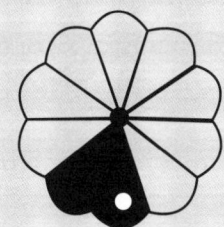 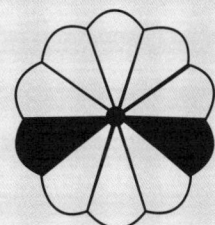 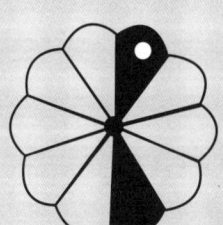

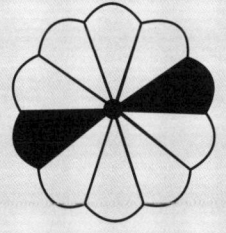 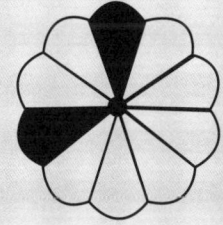 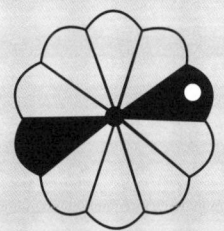 

도전시간		걸린시간	
7 분	40 초	분	초

1 가로세로 어휘 찾기

다음 네모에서 알고 있는 어휘를 찾아 동그라미를 해 보세요.

정	거	짓	믿	음	★	사	★	의	리
직	떳	떳	함	위	로	정	양	절	제
어	★	사	잘	못	약	속	심	선	물
려	실	회	행	선	의	의	거	짓	말
움	망	★	위	노	점	★	안	마	기

여기서 찾은 어휘로 2~6번 문제를 풀어요!

내가 찾은 어휘 _____ 개

2 어휘 뜻 알기

다음 설명이나 그림이 뜻하는 어휘가 무엇인지 빈칸을 채워 보세요.

문제 개수 8 개
맞은 개수 ___ 개
틀린 개수 ___ 개

㉮ 사람과의 관계에 있어서 지켜야 할 바른 도리. 義理 …… ☐ ☐

㉯ 좋은 의도로 상대방을 배려하여 하는 거짓말 • ☐ ☐ 의 거 짓 말

㉰ 굽힐 것 없이 당당함. …… ☐ ☐ 함

㉱ 정도에 넘지 아니하도록 알맞게 조절하여 제한함. …… ☐ ☐

㉲ 사람이 의지를 가지고 하는 짓 …… ☐ 위

㉳ ☐ ☐

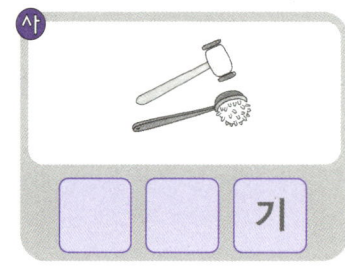

㉴ ☐ ☐ 기

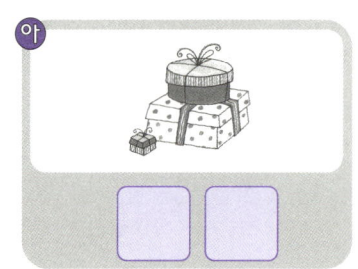

㉵ ☐ ☐

3 비슷한 말 반대말 알기

다음에서 비슷한 뜻끼리 짝지어진 것에는 '='로, 반대의 뜻끼리 짝지어진 것에는 '↔'로 나타내거나, 부호에 알맞게 어휘를 채워 보세요.

신뢰	=	(가)
거짓	(나)	정직
행동	(다)	행위

양심	(라)	비양심
사정	(마)	형편
절제	(바)	무절제

4 큰 말 작은 말 알기

어휘의 포함 관계에 따라 '<', 또는 '>'로 나타내고, 그림의 위치에 알맞게 어휘를 넣어 보세요.

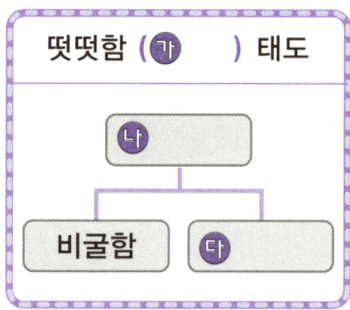
떳떳함 (가   ) 태도
나 — 비굴함, 다

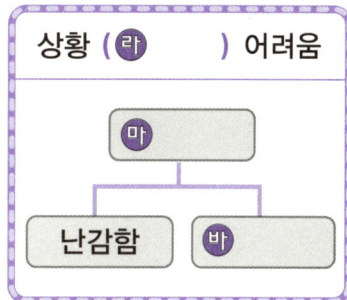
상황 (라   ) 어려움
마 — 난감함, 바

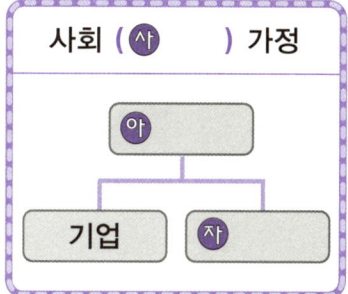
사회 (사   ) 가정
아 — 기업, 자

5 관용어 알기

짝을 이루는 말을 찾아 동그라미 하고, 그 말의 뜻을 보기에서 찾아 번호를 쓰세요.

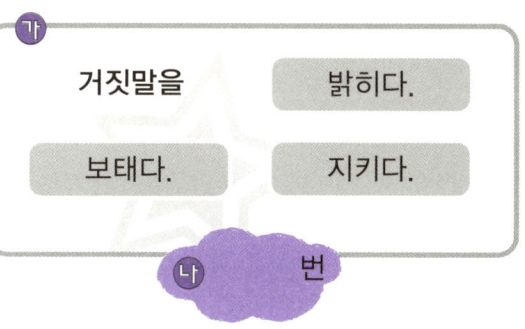
가: 거짓말을 / 밝히다. / 보태다. / 지키다.
나 번

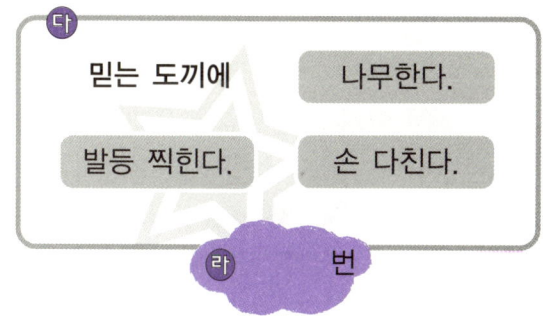
다: 믿는 도끼에 / 나무한다. / 발등 찍힌다. / 손 다친다.
라 번

보기
① 실지보다 더 보태어 과장해서 말함.
② 믿었던 사람이 배반하여 오히려 해를 입음.
③ 남의 형편을 헤아려 생각함.

6 어휘 활용하기

다음 가~라의 ( )에 알맞은 어휘를 보기에서 찾아 번호를 쓰고, 마의 질문에 답해 보세요.

문제 개수 5개

맞은 개수 ( )개
틀린 개수 ( )개

가 가게를 얻지 못한 사람들은 (   )을/를 차려서 가져온 물건을 팔았다.
나 의사는 불치병 환자에게 금방 나을 테니 힘을 내라며 (   )을/를 했다.
다 지금 (   )하는 생활이 미래의 네 인생을 바꿀 수 있다.
라 고속도로에 쓰레기를 버리는 (   ) 없는 행동은 참아 주세요.
마 '믿는 도끼에 발등 찍힌다.' 는 어떤 경우에 쓰이는 말인지 써 보세요.

→ _____

보기
① 양심   ② 행위   ③ 믿음   ④ 약속   ⑤ 선의의 거짓말
⑥ 어려움   ⑦ 떳떳함   ⑧ 노점   ⑨ 절제   ⑩ 사회

총 문제 개수 (32)개 | 총 맞은 개수 (   )개 | 총 틀린 개수 (   )개

생각하고 되새기는
약속은 지켜야 하는 것

도산 안창호 선생님은 우리나라가 일본의 식민지로 있을 때 독립 운동에 목숨을 바친 애국자입니다. 어느 날 안창호 선생님은 한 아이와 만나기로 약속을 하였습니다. 그러나 그때는 일본 경찰이 안창호 선생님을 체포하려고 눈에 불을 켜고 있을 때였어요. 그래서 선생님은 안전한 곳에 숨어 있어야만 했지요. 그러나 선생님은 아이와의 약속을 지키기 위하여 밖으로 나갔다가 결국 일본 경찰에게 잡히고 말았지요.

안창호 선생님이 이런 위험을 무릅쓰고 아이와의 약속을 지키려고 한 이유는 무엇일까요? 약속은 반드시 지켜야 하는 것이기 때문이지요. 그래서 쉽게 생각하면 안 되는 것이에요. 약속은 꼭 지킬 수 있는 것인지 깊게 생각하고 난 뒤에 하는 거라는 것, 잊지 마세요.

머리 풀어주는 퍼즐

도전 시간	걸린 시간
00 분 20 초	분 초

창의사고력 기초 다지기 계산능력 쑥~

사다리를 타고 내려가면서, 같은 도형 속의 숫자가 나올 수 있도록 +, -를 이용해 빈칸을 채워 보세요.(단, 자연수만 이용합니다.)

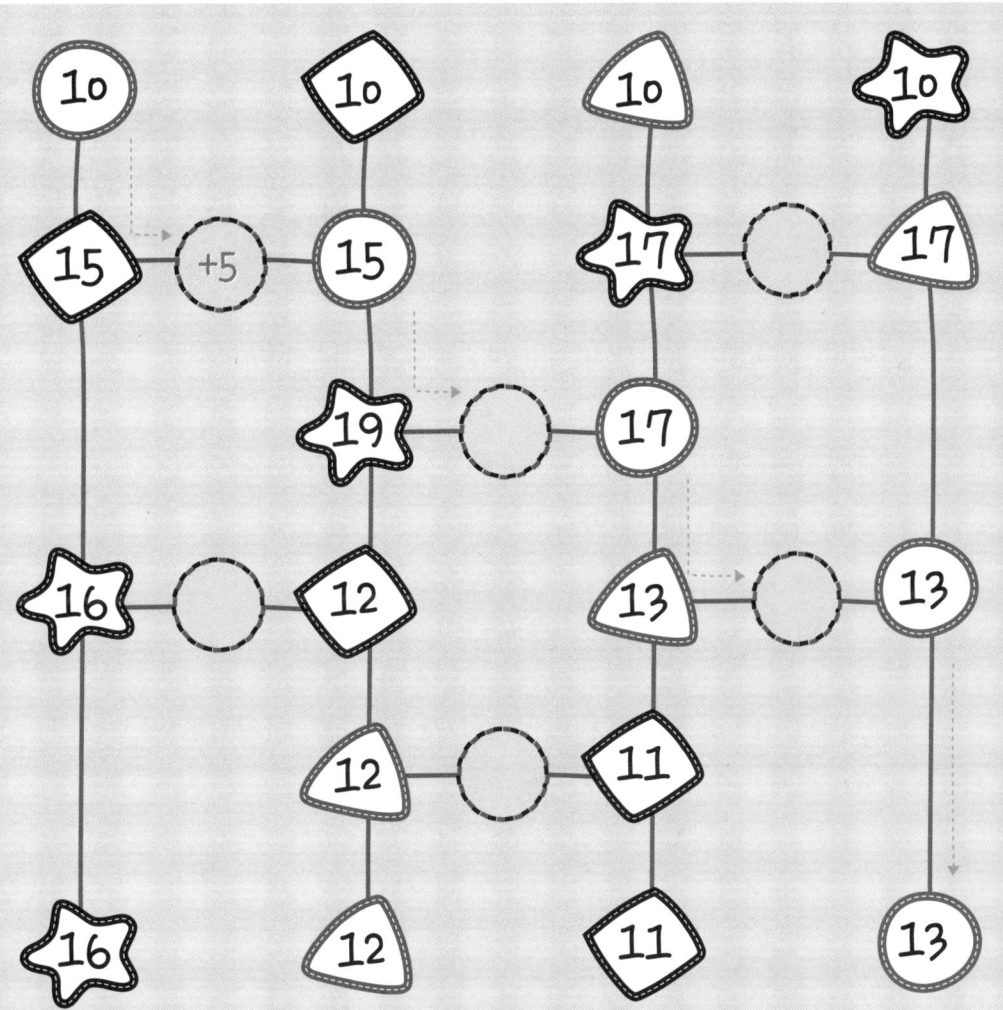

낱말이 쏙 생각이 쑥

도전시간 7분 10초 | 걸린시간 분 초

1 가로세로 어휘 찾기

다음 네모에서 알고 있는 어휘를 찾아 동그라미를 해 보세요.

여기서 찾은 어휘로 2~6번 문제를 풀어요.

보	금	자	리	★	한	해	살	이	진
육	효	율	적	선	인	장	분	담	공
아	잔	손	★	여	러	해	살	이	청
되	풀	이	환	★	다	육	식	물	소
알	뿌	리	기	관	엽	식	물	★	기

내가 찾은 어휘 ▢ 개

2 어휘 뜻 알기

다음 설명이나 그림이 뜻하는 어휘가 무엇인지 빈칸을 채워 보세요.

문제 개수 8개
맞은 개수 ▢ 개
틀린 개수 ▢ 개

㉮ 들인 노력에 비하여 얻는 결과가 큰 것 ················ ▢ ▢ 적

㉯ 봄에 싹이 터서 그 해 가을에 열매를 맺고 죽는 식물들 · ▢ 살 이

㉰ 어린아이를 기름. ·················· ▢ ▢ 아

㉱ 자질구레하게 드는 손의 품 ··············· ▢ ▢

㉲ 같은 말이나 일을 자꾸 반복하거나 같은 사태가 자꾸 일어남. ▢ ▢ 이

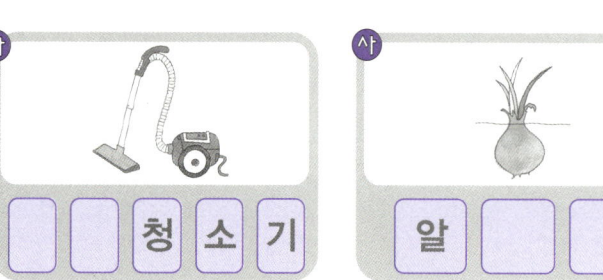

㉳ ▢ ▢ 청 소 기   ㉴ 알 ▢ ▢

㉵ ▢ ▢ ▢

30

3. 비슷한 말 반대말 알기

다음에서 비슷한 뜻끼리 짝지어진 것에는 '=' 로, 반대의 뜻끼리 짝지어진 것에는 '↔' 로 나타내거나, 부호에 알맞게 어휘를 채워 보세요.

한해살이	(가)	일년생
한해살이	↔	(나)
둥지	=	(다)

효율적	(라)	비효율적
되풀이	(마)	반복
환기	(바)	밀폐

4. 큰 말 작은 말 알기

어휘의 포함 관계에 따라 '<', 또는 '>' 로 나타내고, 그림의 위치에 알맞게 어휘를 넣어 보세요.

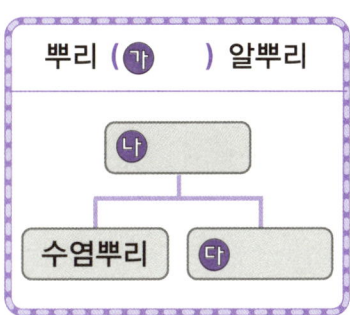
뿌리 (가) 알뿌리

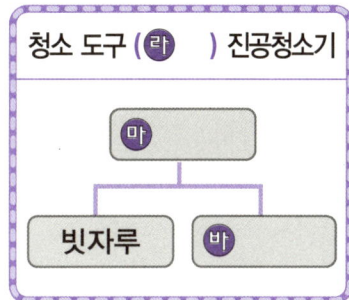
청소 도구 (라) 진공청소기

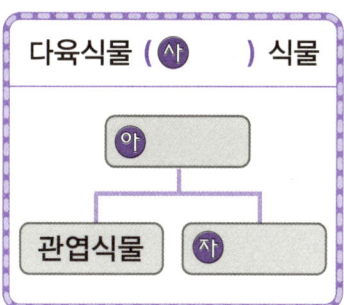
다육식물 (사) 식물

5. 관용어 알기

짝을 이루는 말을 찾아 동그라미 하고, 그 말의 뜻을 보기 에서 찾아 번호를 쓰세요.

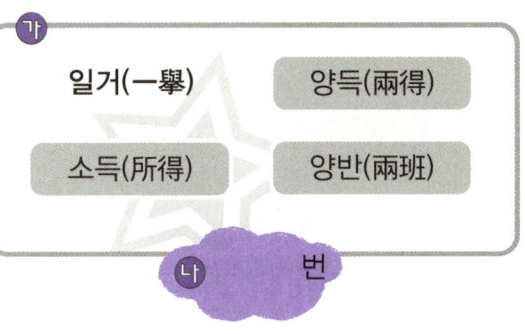

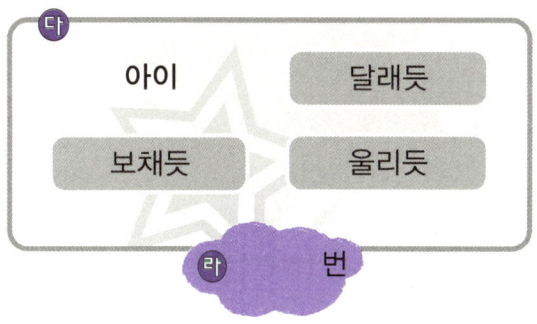

보기
① 보금자리를 만듦.
② 몹시 졸라 대는 모양
③ 한 가지 일을 하여 두 가지 이익을 얻음.

6 어휘 활용하기

다음 가~라의 ( )에 알맞은 어휘를 보기에서 찾아 번호를 쓰고, 마의 질문에 답해 보세요.

문제 개수 5개

맞은 개수 ☐ 개
틀린 개수 ☐ 개

가. 엄마는 꽃나무보다는 잎이 멋있는 (　　　)이/가 더 보기 좋다고 하신다.
나. 강아지가 그냥 보기에는 좋지만 막상 기르려면 (　　　)이/가 많이 간다.
다. 토마토나 가지 같은 식물은 (　　　)(이)기 때문에 매년 봄에 다시 심어야 한다.
라. 같은 실수를 자꾸 (　　　)하지 마라!
마. '일거양득(一擧兩得)' 을 넣어 짧은 글을 지어 보세요.
→ _____

보기
① 진공청소기　② 관엽식물　③ 선인장　④ 효율적　⑤ 한해살이
⑥ 육아　⑦ 잔손　⑧ 되풀이　⑨ 보금자리　⑩ 환기

총 문제 개수 (32)개 ｜ 총 맞은 개수 (　)개 ｜ 총 틀린 개수 (　)개

생각하고 되새기는 7교시 — 모두를 살린 따뜻한 배려

큰 전쟁 중이라 물까지 떨어진 상황, 한 병사가 애타게 물을 찾았습니다. 마침 대장에게 약간의 물이 있었지요. 대장은 물통을 그 병사에게 주었습니다. 병사는 급하게 그 물을 마시려고 하다가, 다른 병사들의 눈빛을 보고 그들도 역시 목말라 한다는 것을 느꼈지요. 그는 꿀꺽꿀꺽 소리를 내며 물을 마신 후 옆에 있는 소대장에게 물통을 주었습니다. 소대장은 물을 마시려다가 물의 양이 조금도 줄지 않았다는 것을 알았어요. 동료의 뜻을 알아챈 소대장 역시 꿀꺽꿀꺽 소리를 내며 물을 마셨습니다. 그리고 물통은 다음 병사에게로 전해졌습니다. 결국 병사들 모두가 꿀꺽꿀꺽 물을 마셨습니다. 마침내 물통은 대장에게로 돌아갔습니다. 그러나 물통의 물은 처음 그대로였습니다. 더 이상 갈증을 느끼는 사람은 아무도 없었습니다. 서로에 대한 배려가 모든 대원들의 갈증을 해결한 것입니다.

머리 풀어주는 퍼즐

도전 시간	걸린 시간
00 분 15 초	분 초

창의사고력 기초 다지기 주의집중력 쏙~

다음 그림에서 직선-직선, 직선-곡선, 곡선-곡선 등 두 선이 만나는 점에 동그라미 하고, 모두 몇 개인지 세어 보세요.(단, 세 선이 만나는 점은 세지 않습니다.)

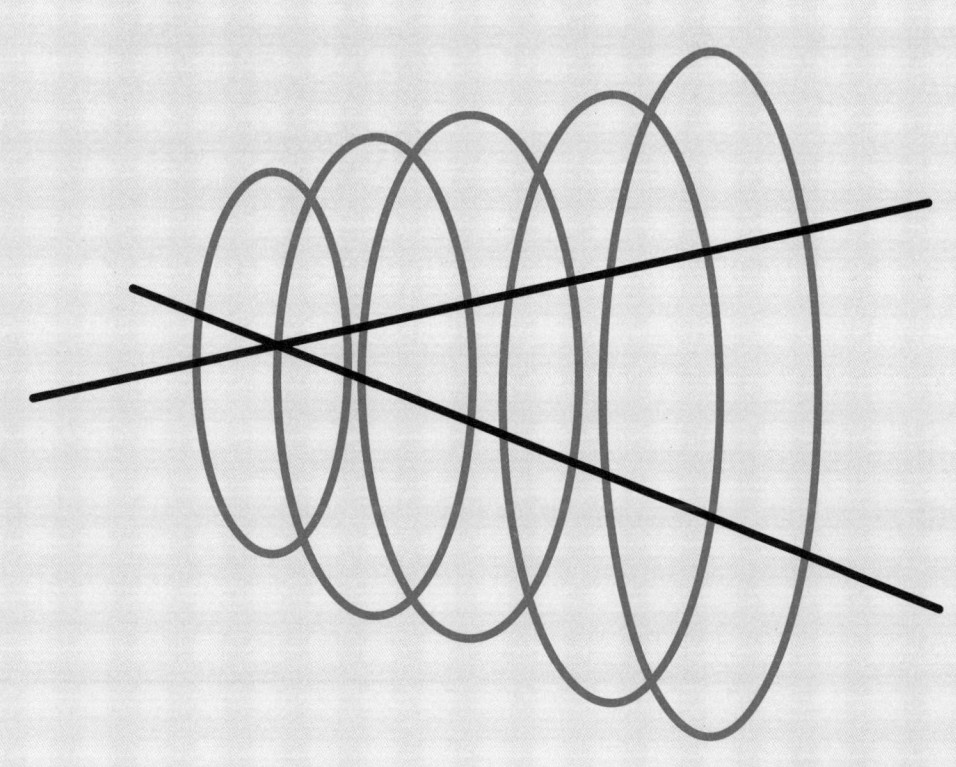

개

낱말이 쏙 생각이 쑥

도전시간 6분 30초 / 걸린시간 분 초

1 가로세로 어휘 찾기

다음 네모에서 알고 있는 어휘를 찾아 동그라미를 해 보세요.

여기서 찾은 어휘로 2~6번 문제를 풀어요!

★	선	직	립	보	행	뗀	유	물	조
역	사	석	기	시	대	석	적	움	개
유	토	기	록	구	★	기	채	집	무
인	저	장	신	석	기	고	고	학	지
원	★	간	석	기	빗	살	무	늬	배

내가 찾은 어휘 ___ 개

2 어휘 뜻 알기

문제 개수 8개
맞은 개수 ___ 개
틀린 개수 ___ 개

다음 설명이나 그림이 뜻하는 어휘가 무엇인지 빈칸을 채워 보세요.

㉮ 윗몸을 꼿꼿이 세우고 두 다리로 걷는 일 ······ ☐ ☐ 보 행
㉯ 역사로 기록되기 이전의 시대 ······ ☐ ☐
㉰ 원시인이 먹고 버린 조개껍데기가 쌓여 이루어진 무더기 ·· ☐ 무 지
㉱ 고분이나 싸움터 또는 역사적인 사건이 벌어졌던 곳 ······ ☐ ☐
㉲ 유물과 유적을 통하여 옛 인류의 생활, 문화 따위를 연구하는 학문 ☐ ☐ 학

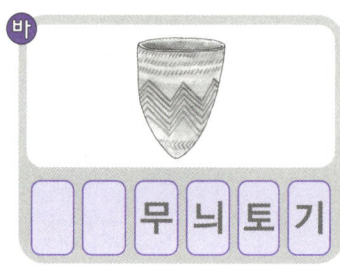
㉳ ☐ ☐ 무늬토기

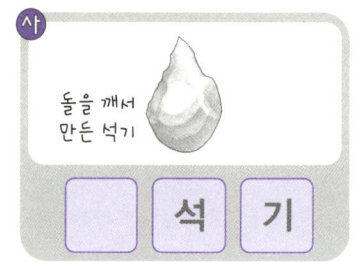
㉴ 돌을 깨서 만든 석기
☐ 석 기

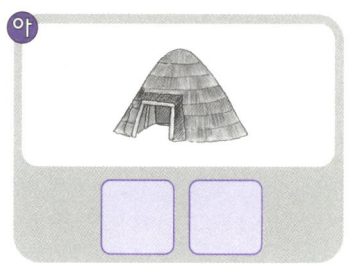
㉵ ☐ ☐

34

비슷한 말 반대말 알기

다음에서 비슷한 뜻끼리 짝지어진 것에는 '='로, 반대의 뜻끼리 짝지어진 것에는 '↔'로 나타내거나, 부호에 알맞게 어휘를 채워 보세요.

문제 개수 6 개

맞은 개수 □ 개
틀린 개수 □ 개

선사	↔	(가)
마제석기	(나)	간석기
조개더미	=	(다)

유물	(라)	유품
저장	(마)	갈무리
타제석기	(바)	뗀석기

큰 말 작은 말 알기

어휘의 포함 관계에 따라 '<', 또는 '>'로 나타내고, 그림의 위치에 알맞게 어휘를 넣어 보세요.

문제 개수 9 개

맞은 개수 □ 개
틀린 개수 □ 개

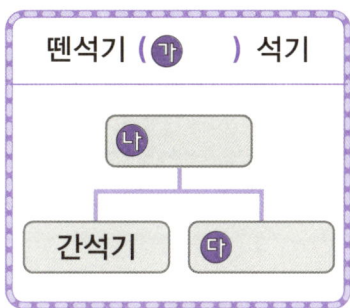
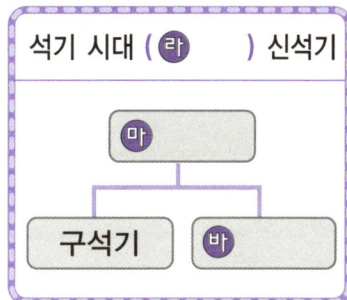
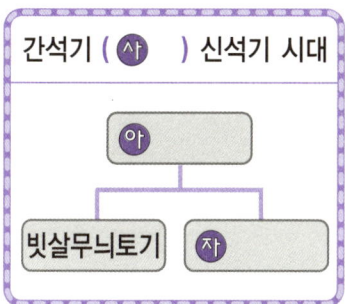

관용어 알기

짝을 이루는 말을 찾아 동그라미 하고, 그 말의 뜻을 보기 에서 찾아 번호를 쓰세요.

문제 개수 4 개

맞은 개수 □ 개
틀린 개수 □ 개

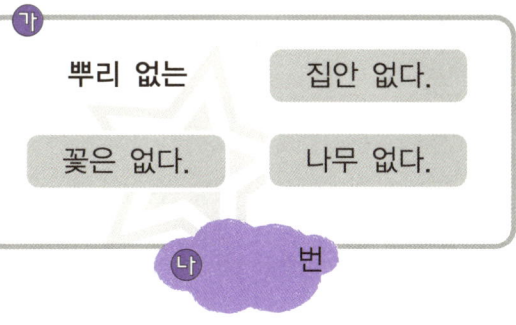
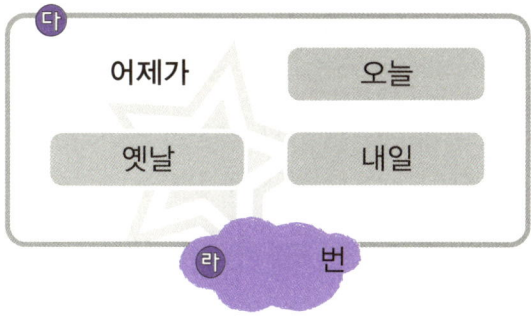

보기
① 변화가 빨라서 짧은 시간 사이의 변화가 아주 큼.
② 조상의 소중함을 깊이 간직함.
③ 나무에 다 뿌리가 있듯이 무엇이나 그 근본이 있음.

6 어휘 활용하기

다음 ㉮~㉱의 ( )에 알맞은 어휘를 보기에서 찾아 번호를 쓰고, ㉲의 질문에 답해 보세요.

문제 개수 5개
맞은 개수 ☁ 개
틀린 개수 ☁ 개

㉮ 인간은 (   )을/를 하면서부터, 두 손을 자유롭게 사용할 수 있었다.

㉯ 구석기 시대에 동굴에서 살던 인류는 신석기가 되자 (   )을/를 짓고 정착 생활을 했다.

㉰ 우리가 (   )을/를 배우는 것은 지난 일을 교훈 삼아 앞으로 잘 살아가기 위해서이다.

㉱ (   )은/는 원숭이와 초기 인간을 모두 함께 부르는 말이다.

㉲ '구석기'와 '뗀석기'를 넣어 짧은 글을 지어 보세요.
→

보기
① 토기   ② 뗀석기   ③ 신석기   ④ 역사   ⑤ 선사
⑥ 유인원   ⑦ 직립보행   ⑧ 고고학자   ⑨ 조개무지   ⑩ 움집

총 문제 개수 32개 | 총 맞은 개수 ◯ 개 | 총 틀린 개수 ◯ 개

생각하고 되새기는 72 사람에게 준 선물

　제우스 신은 맨 처음에 사람과 동물을 만들고는 각자에게 알맞은 능력을 하나씩 주었습니다. 곰과 코끼리에겐 강한 힘을 주고, 토끼와 사슴에겐 빠른 속력을 주었으며, 독수리와 참새에겐 날개를 주었습니다. 그러나 사람은 벌거숭이로 내버려 두었습니다. 그러자 사람이 투덜댔지요.
　"제우스 신은 왜 나한테만 아무것도 주지 않으신 거야."
　그 소리를 들은 제우스 신이 말했습니다.
　"네게는 가장 크고, 뛰어난 능력인 생각하는 슬기와 사랑하는 마음을 주었다. 그것은 신들에게나 사람에게나 최고로 빛나는 보물이란다."

창의사고력 기초 다지기 연상추리력 쑥~

회전하고 있는 다음 그림에서 보기와 다른 그림을 두 개 찾아 동그라미 하세요.

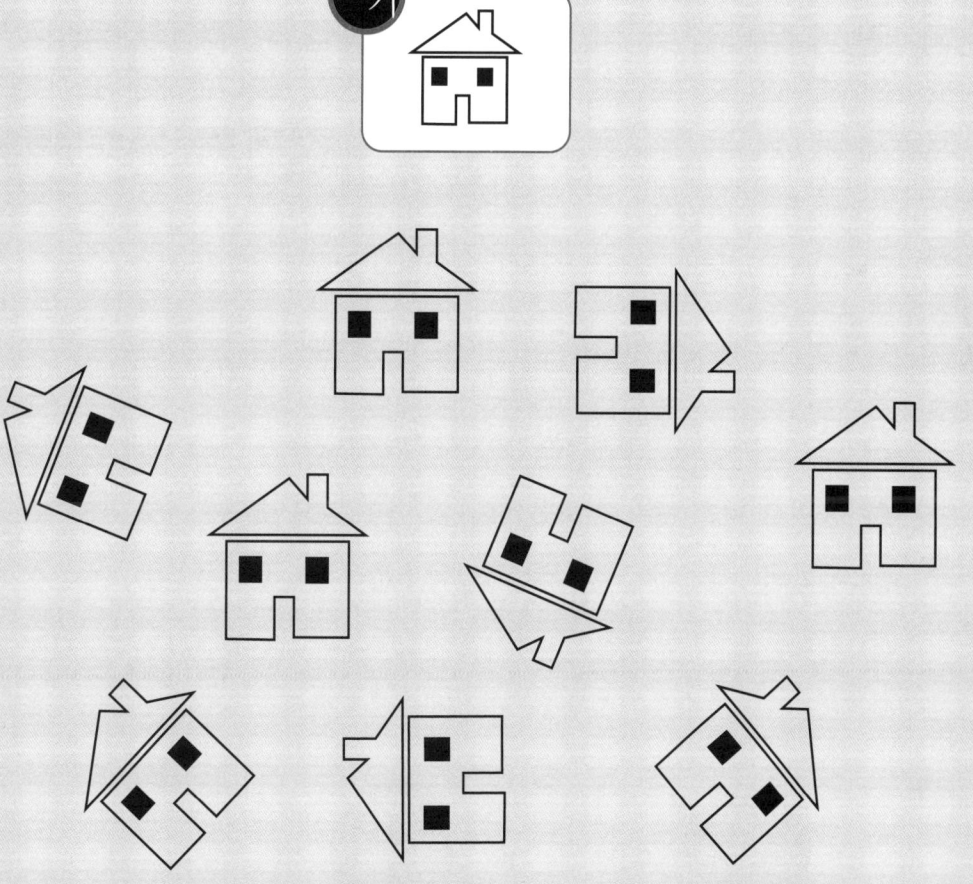

| 7 | 분 | 30 | 초 | | 분 | 초 |

1 가로세로 어휘 찾기

다음 네모에서 알고 있는 어휘를 찾아 동그라미를 해 보세요.

여기서 찾은 어휘로 2~6번 문제를 풀어요!

허	드	렛	일	이	듬	해	거	름	자
오	불	품	샀	기	★	지	그	시	기
금	꽃	겸	손	적	교	활	수	별	장
담	놀	고	지	식	하	다	궁	똥	이
판	이	도	롱	이	식	은	태	별	★

내가 찾은 어휘 ___ 개

2 어휘 뜻 알기

다음 설명이나 그림이 뜻하는 어휘가 무엇인지 빈칸을 채워 보세요.

문제 개수 8개

맞은 개수 ___ 개
틀린 개수 ___ 개

가) 중요하지 아니하고 허름한 일 ……… ☐ 드 ☐ 일
나) 해가 서쪽으로 넘어가는 일 ……… 해 ☐ ☐
다) 슬며시 힘을 주거나 조용히 참고 견디는 모양 ……… ☐ 그 ☐
라) 무릎의 구부러지는 오목한 안쪽 부분 ……… ☐ ☐
마) 간사하고 꾀가 많음. ……… ☐ ☐

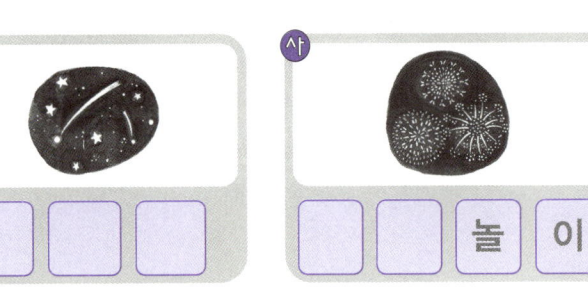

바) ☐ ☐ ☐
사) ☐ 놀 이

아) ☐ ☐ 이

3. 비슷한 말 반대말 알기

다음에서 비슷한 뜻끼리 짝지어진 것에는 '='로, 반대의 뜻끼리 짝지어진 것에는 '↔'로 나타내거나, 부호에 알맞게 어휘를 채워 보세요.

문제 개수 6개

찬찬히	=	(가)
고지식하다	(나)	융통성 없다
유성	=	(다)

수긍	(라)	반항
허드렛일	(마)	잡일
(바)	↔	이타적

4. 큰 말 작은 말 알기

어휘의 포함 관계에 따라 '<', 또는 '>'로 나타내고, 그림의 위치에 알맞게 어휘를 넣어 보세요.

문제 개수 9개

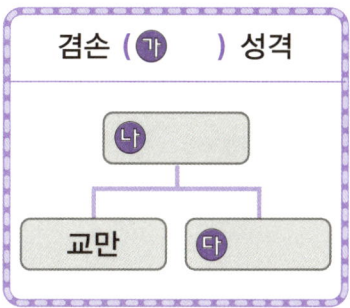
겸손 (가   ) 성격
나 — 교만, 다

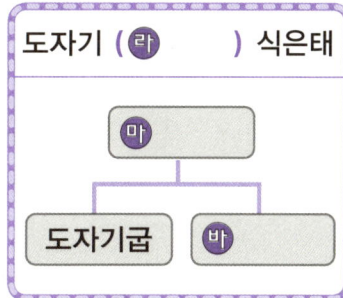
도자기 (라   ) 식은태
마 — 도자기굽, 바

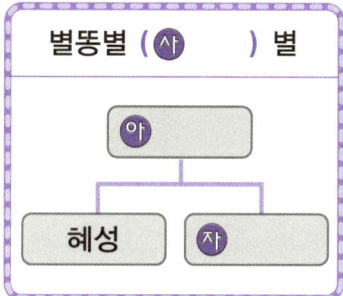
별똥별 (사   ) 별
아 — 혜성, 자

5. 관용어 알기

짝을 이루는 말을 찾아 동그라미 하고, 그 말의 뜻을 보기에서 찾아 번호를 쓰세요.

문제 개수 4개

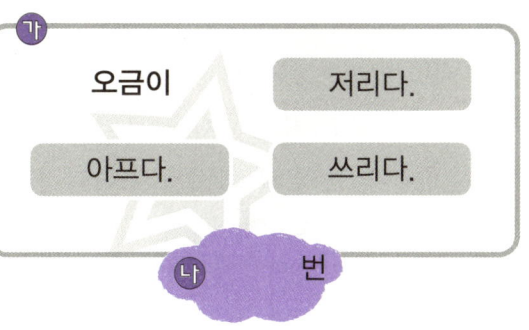
가: 오금이 — 저리다. / 아프다. / 쓰리다.
나 번

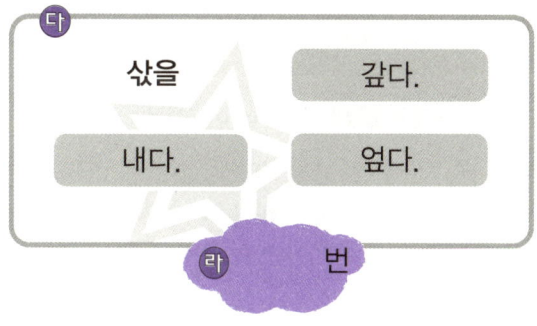
다: 삯을 — 갚다. / 내다. / 엎다.
라 번

보기
① 무슨 일을 하고 싶어 가만히 있지 못함.
② 삯을 주어 일을 시킴.
③ 잘못이 들통날까 봐 마음을 졸임.

6 어휘 활용하기

다음 가~라의 ( )에 알맞은 어휘를 보기에서 찾아 번호를 쓰고, 마의 질문에 답해 보세요.

문제 개수 5개
맞은 개수 개
틀린 개수 개

가 놀이공원에서는 밤이 되자 퍼레이드와 더불어 (   )을/를 시작했다.
나 내 동생은 성격이 (   )이고 도무지 남 생각을 할 줄 모른다.
다 (   )이/가 떨어질 때 소원을 빌면 이루어진다는 말에 나는 가족의 건강을 빌었다.
라 (   )이/가 되니 엄마도 보고 싶고 자꾸 집 생각이 났다.
마 '오금이 저리다.'를 넣어 짧은 글을 지어 보세요.
→ _____

보기
① 불꽃놀이 ② 지그시 ③ 교활 ④ 별똥별 ⑤ 해거름
⑥ 수긍 ⑦ 고지식 ⑧ 이기적 ⑨ 도롱이 ⑩ 품삯

총 문제 개수 32개 | 총 맞은 개수 개 | 총 틀린 개수 개

생각하고 되새기는 — 마음가짐의 중요성

글을 읽고 나서 오늘 공부를 신나게 시작하자고!

신라 시대의 사람인 원효대사는 길을 가던 중에 산 속 동굴에서 하룻밤을 지내게 되었어요. 밤중에 너무 목이 말라서 깼는데 손으로 주변을 더듬어 보니 바가지 하나가 손에 잡혔지요. 원효대사는 반가운 마음에 얼른 바가지 속의 물을 마셨는데, 그 맛이 어찌나 달고 시원했는지 몰라요. 그런데 다음날 아침에 보니, 어젯밤 바가지로 생각한 것은 오래된 해골이었고, 그렇게 달게 마셨던 물은 해골 속에 고여 있던 썩은 물이었습니다. 막 구역질을 하던 원효대사는 문득 이런 생각이 들었어요.

'이 더러운 물을 어젯밤에는 어떻게 그렇게 달게 마셨을까? 아! 모든 일은 마음먹기에 따라 달라지는 거로구나. 더러운 물도 고맙게 마시니 달고 시원했던 것이었어. 내가 마음먹은 대로 세상을 볼 수 있는 것이구나!'

머리 풀어주는 퍼즐

도전 시간	걸린 시간
00 분 15 초	분 초

창의사고력 기초 다지기 판단능력

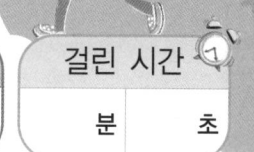

보기에 숨어 있는 규칙을 잘 기억하세요. 보기의 순서에 따라, 동그라미 한 그림에서 출발하여 마지막에 도착한 그림에 동그라미 하세요.

낱말이 쏙 생각이 쑥

도전시간 8분 10초 | 걸린시간 분 초

1. 가로세로 어휘 찾기

다음 네모에서 알고 있는 어휘를 찾아 동그라미를 해 보세요.

여기서 찾은 어휘로 2~6번 문제를 풀어요!

인	구	이	동	★	소	득	★	매	국
그	래	프	★	퇴	비	★	갯	립	토
산	거	주	지	형	오	물	벌	장	개
업	스	모	그	현	상	생	산	성	발
화	도	시	촌	락	★	공	동	체	★

내가 찾은 어휘 ___ 개

2. 어휘 뜻 알기

다음 설명이나 그림이 뜻하는 어휘가 무엇인지 빈칸을 채워 보세요.

문제 개수 8개
맞은 개수 ___ 개
틀린 개수 ___ 개

- 가) 일한 결과로 얻은 정신적·물질적 이익 ········· ☐☐
- 나) 돌이나 흙, 쓰레기 따위로 메워 올리는 우묵한 땅 ········· ☐☐장
- 다) 풀, 짚 또는 가축의 배설물 따위를 썩힌 거름 ········· ☐☐
- 라) 머무는 곳과 주소를 아울러 이르는 말 ········· ☐☐
- 마) 배기 가스나 매연이 안개처럼 끼어 있는 현상 ·· ☐☐현상

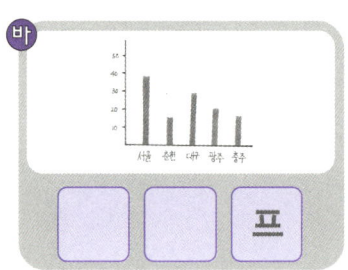
바) ☐☐프

사) ☐☐

아) ☐☐

※ 사와 아는 서로 반대되는 뜻입니다.

42

다음에서 비슷한 뜻끼리 짝지어진 것에는 '='로, 반대의 뜻끼리 짝지어진 것에는 '↔'로 나타내거나, 부호에 알맞게 어휘를 채워 보세요.

생산	↔	(가)
이동	(나)	정지
농촌	↔	(다)

촌락	(라)	마을
퇴비	(마)	두엄
거주지	(바)	이주지

어휘의 포함 관계에 따라 '<', 또는 '>'로 나타내고, 그림의 위치에 알맞게 어휘를 넣어 보세요.

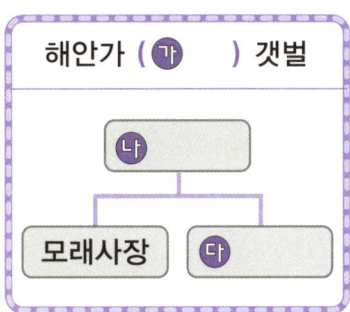
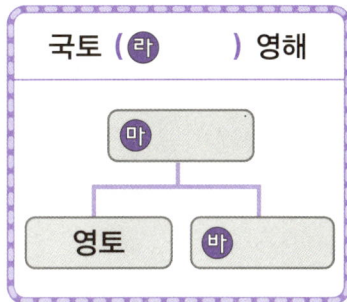
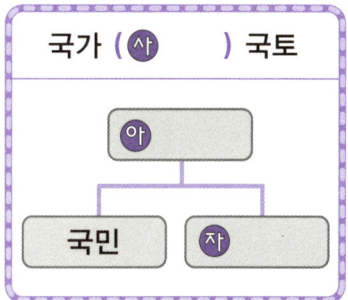

짝을 이루는 말을 찾아 동그라미 하고, 그 말의 뜻을 보기 에서 찾아 번호를 쓰세요.

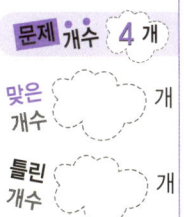

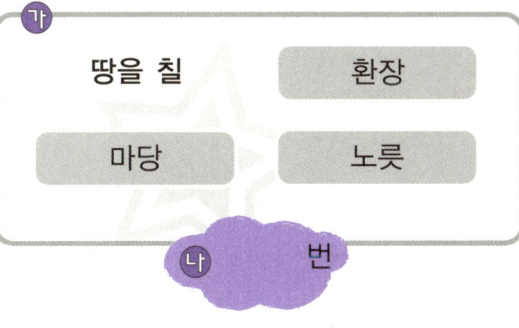
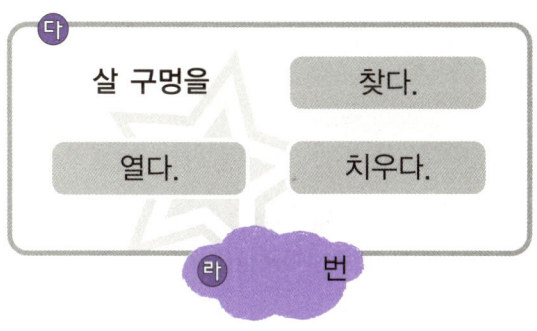

보기
① 화가 나서 어쩔 줄 모름.
② 살아갈 길을 찾아냄.
③ 몹시 분하고 애통함.

6 어휘 활용하기

다음 가~라의 ( )에 알맞은 어휘를 보기에서 찾아 번호를 쓰고, 마의 질문에 답해 보세요.

문제 개수 5개

맞은 개수 ___개
틀린 개수 ___개

가 일제 강점기, 일본의 앞잡이가 되어 ( )을/를 일삼는 사람들이 있었다.

나 ( )은/는 넓은 의미에서 영토와 영공, 영해를 아우르는 말이다.

다 예전에는 지금처럼 화학 비료를 쓰지 않고 ( )을/를 사용해 농사를 지었다.

라 ( )은/는 조개나 게가 사는 자연 그대로의 생태 학습장이다.

마 '땅을 칠 노릇' 은 어떤 경우에 쓰이는 말인지 써 보세요.

→ _____

보기
① 소득 ② 국토 ③ 갯벌 ④ 퇴비 ⑤ 스모그
⑥ 거주지 ⑦ 촌락 ⑧ 도시 ⑨ 산업화 ⑩ 매국

총 문제 개수 32 개 | 총 맞은 개수 ___개 | 총 틀린 개수 ___개

좋은 습관 다지는 - 인터넷 예절 지키기

글을 읽고 나서 오늘 공부를 신나게 시작하자고!

인터넷에서 지켜야 하는 예절을 네티켓이라고 합니다. 인터넷에 글을 올릴 때에는 다른 사람을 근거 없이 험담하는 내용을 써서는 안 됩니다. 또한 누구에게나 다른 사람에게 알리고 싶지 않은 사생활이 있습니다. 그러므로 사생활을 침해하는 내용을 올려서도 안 돼요. 다른 사람이 써놓은 글을 복사해서 내가 쓴 것처럼 올려도 안 됩니다. 그건 남의 글을 도둑질하는 것과 같아요. 그리고 인터넷에서는 자신의 글이 자신의 인격을 나타내는 얼굴입니다. 아무리 서로의 얼굴이 보이지 않는 공간이라도 고운 말, 바른 말을 써야겠지요?

머리 풀어주는 퍼즐

도전 시간 00분 40초

걸린 시간 분 초

창의사고력 기초 다지기 정보처리능력

다음 숫자판에서 가로 혹은 세로로 연속된 세 수의 곱이 18인 숫자들의 묶음을 모두 찾아 동그라미 하세요.

【보기】 3×2×3=18 ⇒ 3 2 3

3	2	3	5	8	9
3	2	9	1	0	2
0	4	6	7	3	1
5	1	4	2	0	4
4	1	6	3	5	0
8	7	1	3	2	6

(첫 번째 행의 3, 2, 3이 동그라미 표시됨)

도전시간 7 분 30 초 걸린시간 분 초

1 가로세로 어휘 찾기

다음 네모에서 알고 있는 어휘를 찾아 동그라미를 해 보세요.

여기서 찾은 어휘로 2~6번 문제를 풀어요!

꽃	가	루	받	이	끼	미	생	물	구
받	★	수	증	기	모	내	기	★	름
침	암	술	순	환	실	체	온	도	차
결	양	분	쥐	며	느	리	지	렁	이
정	★	습	기	건	조	안	개	지	표

내가 찾은 어휘 ___ 개

2 어휘 뜻 알기

다음 설명이나 그림이 뜻하는 어휘가 무엇인지 빈칸을 채워 보세요.

문제 개수 8 개
맞은 개수 ___ 개
틀린 개수 ___ 개

㉮ 꽃의 중심부에 있는 암컷의 성질을 가진 생식 기관 ·········· ☐☐
㉯ 세균이나 효모처럼 눈으로는 볼 수 없는 아주 작은 생물 ·· ☐☐
㉰ 실제의 물체 ··· ☐☐
㉱ 주기적으로 자꾸 되풀이하여 돎. 또는 그런 과정 ············ ☐☐
㉲ 방향이나 목적, 기준 따위를 나타내는 표지 ··················· ☐☐

㉳ 쥐 ☐ ☐ ☐

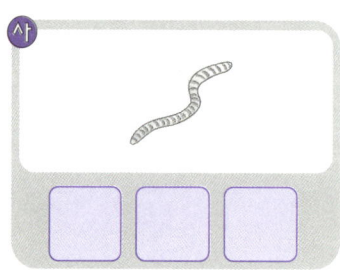
㉴ ☐ ☐ ☐

㉵ 꽃 ☐ ☐

 비슷한 말 반대말 알기

다음에서 비슷한 뜻끼리 짝지어진 것에는 '='로, 반대의 뜻끼리 짝지어진 것에는 '↔'로 나타내거나, 부호에 알맞게 어휘를 채워 보세요.

결정(結晶)	(가)	알갱이
건기	(나)	습기
암술	↔	(다)

지렁이	(라)	토룡
꽃가루받이	(마)	수분
순환	(바)	정체

 큰 말 작은 말 알기

어휘의 포함 관계에 따라 '<', 또는 '>'로 나타내고, 그림의 위치에 알맞게 어휘를 넣어 보세요.

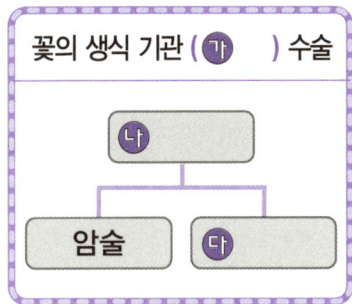

꽃의 생식 기관 (가) 수술

나 — 암술, 다

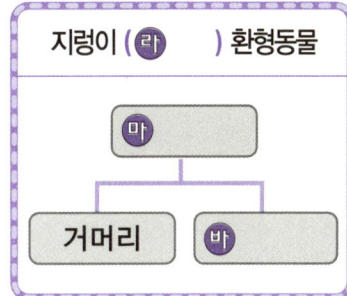

지렁이 (라) 환형동물

마 — 거머리, 바

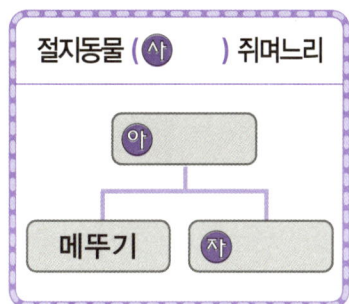

절지동물 (사) 쥐며느리

아 — 메뚜기, 자

 관용어 알기

짝을 이루는 말을 찾아 동그라미 하고, 그 말의 뜻을 보기 에서 찾아 번호를 쓰세요.

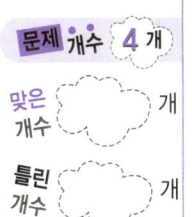

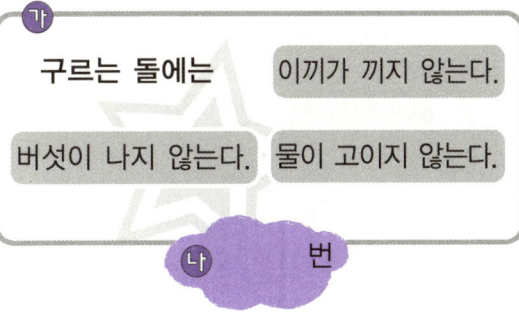

가) 구르는 돌에는 / 이끼가 끼지 않는다. / 버섯이 나지 않는다. / 물이 고이지 않는다.

(나   ) 번

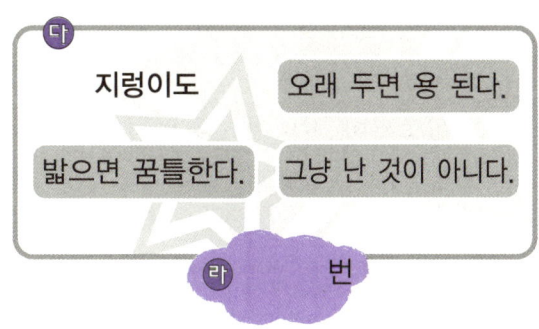

다) 지렁이도 / 오래 두면 용 된다. / 밟으면 꿈틀한다. / 그냥 난 것이 아니다.

(라   ) 번

보기
① 아무리 순하고 좋은 사람이라도 너무 업신여기면 가만있지 아니함.
② 모내기 철에는 모든 사람이 바쁘게 뛰어다니게 됨.
③ 부지런하고 꾸준히 노력하는 사람은 침체되지 않고 계속 발전함.

6 어휘 활용하기

다음 가~라의 ( )에 알맞은 어휘를 보기에서 찾아 번호를 쓰고, 마의 질문에 답해 보세요.

문제 개수 5개
맞은 개수 ___개
틀린 개수 ___개

가. 얼마 전 발표된 경제 ( )에 따르면 우리나라는 3년간 8%의 경제 성장을 이루었다.
나. 징그럽게 보이는 ( )(이)지만 토양을 비옥하게 하는 역할을 한다.
다. 꽃이 열매 맺기 위해 필요한 수분은 암술과 ( )이/가 만나 이루어진다.
라. 환절기에는 낮과 밤의 ( )이/가 심해서 감기에 걸리기 쉽다.
마. '지렁이도 밟으면 꿈틀한다.'는 어떤 경우에 쓰이는 말인지 써 보세요.
→ _____

보기
① 암술 ② 수술 ③ 쥐며느리 ④ 지렁이 ⑤ 순환
⑥ 지표 ⑦ 양분 ⑧ 실체 ⑨ 기온차 ⑩ 모내기

총 문제 개수 32개 | 총 맞은 개수 ___개 | 총 틀린 개수 ___개

어른들만 스트레스가 쌓이는 것이 아닙니다. 어린이도 학교와 가정, 친구들과의 관계에서 스트레스가 쌓일 수 있습니다. 스트레스는 건강에도 매우 안 좋고, 즐거운 생활을 방해하는 원인이에요. 그렇기 때문에 스트레스는 바로바로 푸는 것이 중요합니다. 스트레스를 풀려면 우선 대화하는 습관을 들이는 것이 필요합니다. 속상한 일이 있을 때에는 엄마나 아빠, 또는 친구와 이야기하면 좋습니다. 가족과 큰 소리로 노래를 부르는 것도 아주 좋은 방법이에요. 몸을 이용한 놀이를 하는 것도 좋은 방법입니다. 가벼운 공놀이나 달리기, 놀이터에서 친구들과 노는 것 등이 스트레스를 줄여 줄 수 있습니다. 더불어 야채와 과일을 많이 먹고, 화학 첨가물이 들어간 인스턴트 식품이나 탄산 음료는 되도록 먹지 않는 것이 좋습니다.

머리 풀어주는 퍼즐

창의사고력 기초 다지기 계산능력 쑥~

도전 시간 00분 20초
걸린 시간 　분　초

사다리를 타고 내려가면서, 같은 도형 속의 숫자가 나올 수 있도록 +, −를 이용해 빈칸을 채워 보세요. (단, 자연수만 이용합니다.)

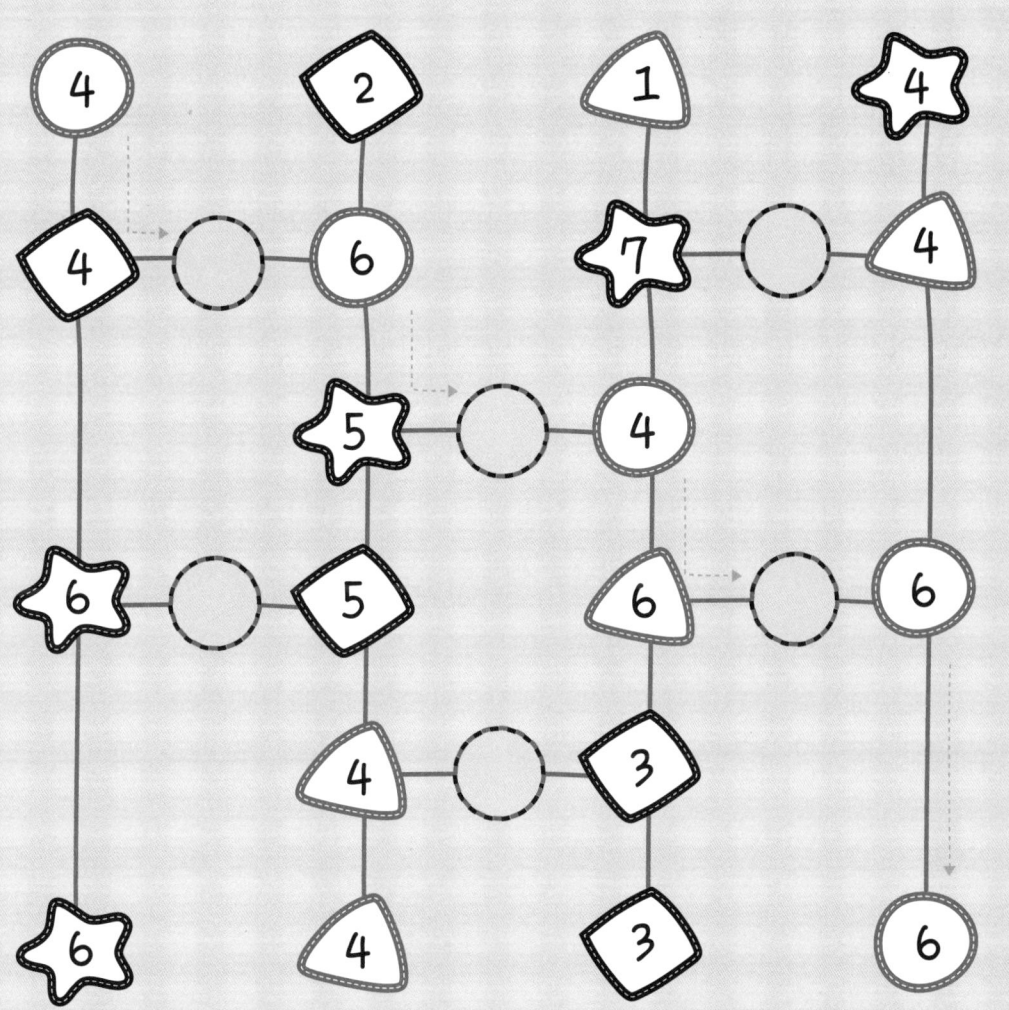

낱말이 쏙 생각이 쑥

도전시간 7분 30초 걸린시간 ＿분 ＿초

1. 가로세로 어휘 찾기

다음 네모에서 알고 있는 어휘를 찾아 동그라미를 해 보세요.

여기서 찾은 어휘로 2~6번 문제를 풀어요!

마	법	총	명	미	래	집	군	대	결
인	팔	뚝	일	행	꾸	중	고	통	심
생	지	★	샘	구	두	쇠	가	어	귀
사	혜	절	물	작	업	복	난	★	재
냥	★	벽	허	름	한	★	통	장	산

내가 찾은 어휘 ＿개

2. 어휘 뜻 알기

다음 설명이나 그림이 뜻하는 어휘가 무엇인지 빈칸을 채워 보세요.

문제 개수 8개
맞은 개수 ＿개
틀린 개수 ＿개

- 가 함께 길을 가는 사람이나 그 무리 ············ ☐☐
- 나 보거나 들은 것을 오래 기억하고 썩 영리하여 재주가 있음. ···· ☐☐
- 다 돈이나 재물 따위를 쓰는 데에 몹시 인색한 사람 ········ ☐ 쇠
- 라 값이 싸거나 좀 헌 듯한 ·················· ☐ 한
- 마 사물의 이치를 빨리 깨닫고 사물을 정확하게 처리하는 정신적 능력 ························· ☐☐

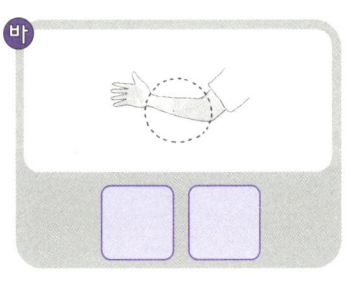

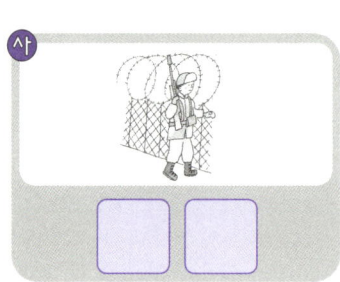

50

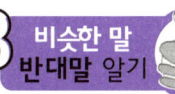

다음에서 비슷한 뜻끼리 짝지어진 것에는 '='로, 반대의 뜻끼리 짝지어진 것에는 '↔'로 나타내거나, 부호에 알맞게 어휘를 채워 보세요.

(가)	=	앞날
가난	(나)	부자
결심	(다)	작심

구두쇠	(라)	짠돌이
(마)	↔	산만
일행	(바)	동행

어휘의 포함 관계에 따라 '<', 또는 '>'로 나타내고, 그림의 위치에 알맞게 어휘를 넣어 보세요.

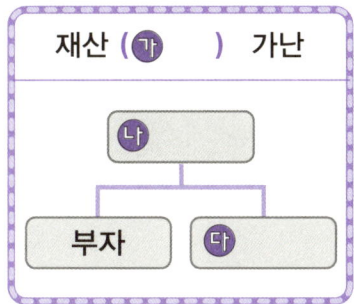

재산 (가) 가난

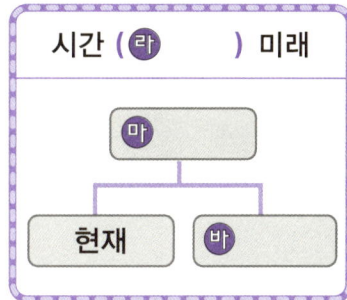

시간 (라) 미래

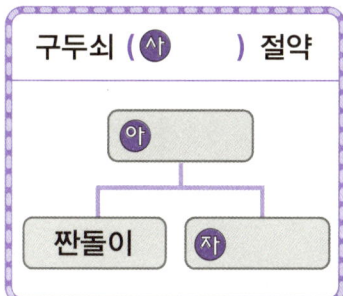

구두쇠 (사) 절약

짝을 이루는 말을 찾아 동그라미 하고, 그 말의 뜻을 보기 에서 찾아 번호를 쓰세요.

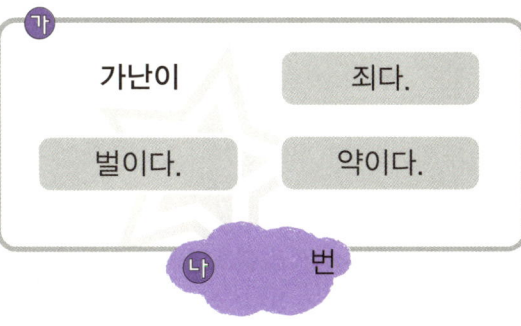

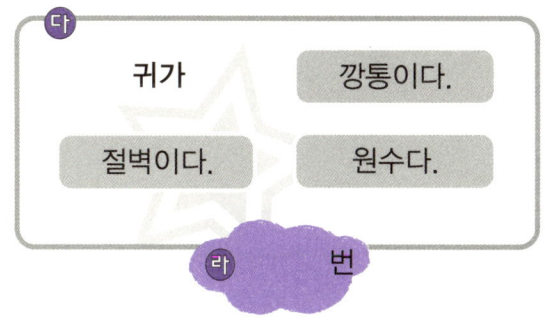

보기
① 아예 소리를 듣지 못함.
② 가난 때문에 죄를 저지르거나, 불행과 고통을 당함.
③ 가난은 타고난 운명

6 어휘 활용하기

다음 가~라의 ( )에 알맞은 어휘를 보기에서 찾아 번호를 쓰고, 마의 질문에 답해 보세요.

문제 개수 5개
맞은 개수 ◯개
틀린 개수 ◯개

- 가 우리 할아버지는 물건을 너무 아껴서 동네에 소문난 (　　　)(이)랍니다.
- 나 (　　　) 옷차림의 그가 그렇게 부자일 줄 누가 알았겠어요?
- 다 네가 꿈꾸는 (　　　)은/는 지금 네가 어떻게 하느냐에 달려 있다.
- 라 그가 남보다 빨리 일하는 것은 다른 것에 신경 쓰지 않고 (　　　)하기 때문이다.
- 마 '귀가 절벽이다.'를 넣어 짧은 글을 지어 보세요.
  →

보기
① 꾸중 ② 일행 ③ 구두쇠 ④ 지혜 ⑤ 허름한
⑥ 총명 ⑦ 절벽 ⑧ 미래 ⑨ 결심 ⑩ 집중

총 문제 개수 32개 | 총 맞은 개수 ◯개 | 총 틀린 개수 ◯개

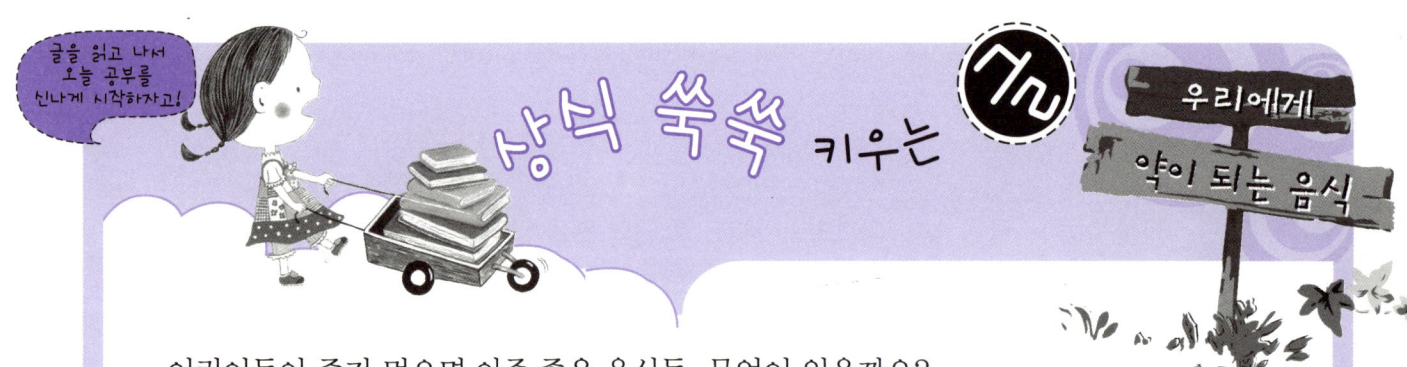

상식 쑥쑥 키우는 - 우리에게 약이 되는 음식

어린이들이 즐겨 먹으면 아주 좋은 음식들, 무엇이 있을까요?

♠ **부추** : 따뜻한 성질의 식품으로 위장을 튼튼하게 해 줍니다. 된장찌개나 달걀말이에 듬뿍 넣어 먹으면 맛도 있습니다. 영양 간식으로 부추전도 좋습니다.

♠ **양배추** : 변비에 좋은 섬유질을 많이 함유하고 있는 식품입니다. 샐러드도 좋지만 갈아서 마시면 더욱 좋다고 합니다.

♠ **고구마** : 식물성 섬유질과 함께 비타민 B군과 미네랄, 카로틴 등이 많이 들어 있어 영양가가 높습니다. 깨끗이 씻어서 찌거나 구워 먹으면 맛도 좋고 영양도 좋습니다.

♠ **토마토** : 입 안이 자주 헐거나 입가가 자주 짓무를 때 식사 후에 토마토 주스를 마시면 빨리 회복됩니다. 토마토가 해독 작용을 하기 때문입니다.

머리 풀어주는 퍼즐

도전 시간	걸린 시간
00 분 15 초	분 초

창의사고력 기초 다지기 주의집중력

다음 ❶~❹ 중에서 다른 그림 하나를 찾아 번호를 쓰세요.

문제1

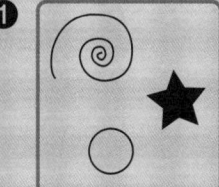   

번

문제2

 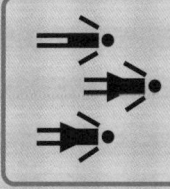  

번

53

도전시간 7 분 40 초 걸린시간 분 초

1 가로세로 어휘 찾기

다음 네모에서 알고 있는 어휘를 찾아 동그라미를 해 보세요.

영	양	소	노	폐	물	우	유	제	품
탄	단	지	근	성	장	기	레	급	질
수	백	방	육	★	골	격	인	식	인
화	질	무	기	질	곡	류	지	판	덕
물	비	타	민	체	중	오	븐	★	션

여기서 찾은 어휘로 2~6번 문제를 풀어요!

내가 찾은 어휘 ◯ 개

2 어휘 뜻 알기

다음 설명이나 그림이 뜻하는 어휘가 무엇인지 빈칸을 채워 보세요.

문제 개수 8개
맞은 개수 ◯ 개
틀린 개수 ◯ 개

- 가) 성장을 촉진하고 필요한 에너지를 공급하는 영양분이 있는 물질 → ☐☐☐
- 나) 물질대사를 하는 과정에서 생성된 것으로 몸에는 필요 없는 것 → ☐☐물
- 다) 성장하는 동안의 시기 → ☐☐☐
- 라) 골격, 조직에 있는 칼슘·인·물·철·요오드 등의 성질을 가진 물질 → ☐☐질
- 마) 쌀, 보리, 밀 따위의 곡식을 통틀어 이르는 말 → ☐☐

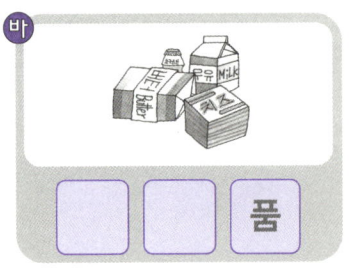
바) ☐☐품

사) ☐☐판

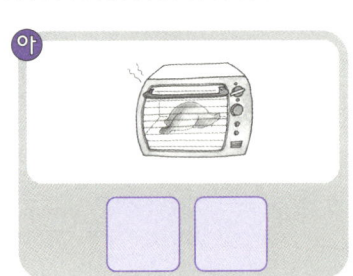
아) ☐☐

54

3 비슷한 말 반대말 알기

다음에서 비슷한 뜻끼리 짝지어진 것에는 '='로, 반대의 뜻끼리 짝지어진 것에는 '↔'로 나타내거나, 부호에 알맞게 어휘를 채워 보세요.

영양분	=	(가)
발육기	(나)	성장기
지방	(다)	기름

성장기	(라)	노화기
체중	(마)	몸무게
골격	(바)	뼈대

4 큰 말 작은 말 알기

어휘의 포함 관계에 따라 '<', 또는 '>'로 나타내고, 그림의 위치에 알맞게 어휘를 넣어 보세요.

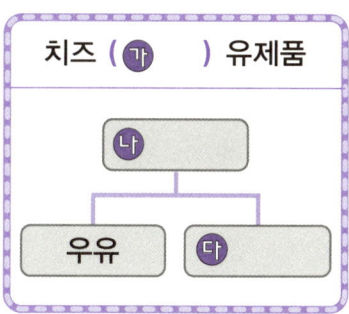

치즈 (가) 유제품

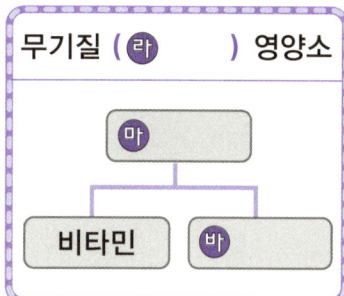

무기질 (라) 영양소

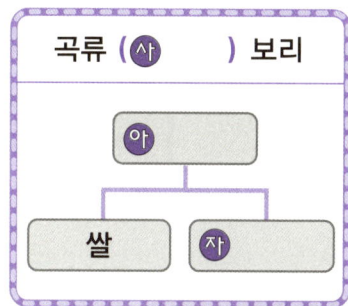

곡류 (사) 보리

5 관용어 알기

짝을 이루는 말을 찾아 동그라미 하고, 그 말의 뜻을 보기 에서 찾아 번호를 쓰세요.

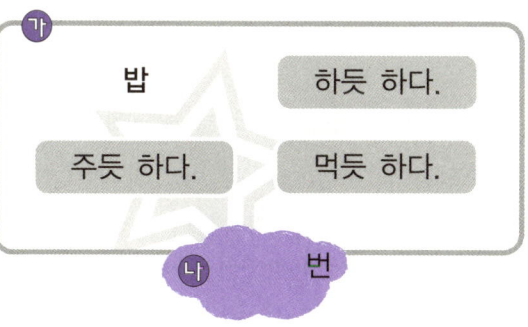

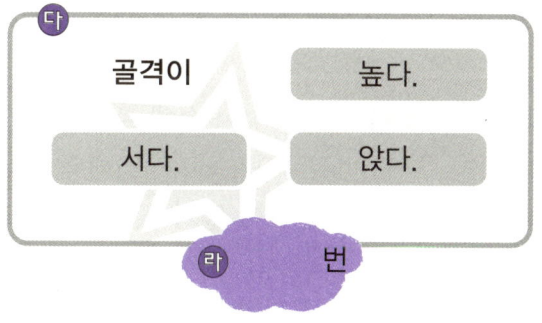

보기
① 예사로 자주 함.
② 어떤 일을 형성할 때 기본 줄거리와 틀이 이루어짐.
③ 몹시 졸라 대는 모양

6 어휘 활용하기

다음 가~라의 ( )에 알맞은 어휘를 보기에서 찾아 번호를 쓰고, 마의 질문에 답해 보세요.

문제 개수 5개
맞은 개수 ___개
틀린 개수 ___개

가 우리 엄마는 집에 있는 (　　　)(으)로 빵이나 과자를 구워 주신다.
나 굶으면 몸에 필요한 (　　　)을/를 얻지 못하기 때문에 병이 생기기 쉽다.
다 비만은 몸에 불필요한 (　　　)이/가 많아 걸리는 병이다.
라 마트의 대형 냉장고에는 (　　　)을/를 따로 모아 두고 파는 곳이 있다.
마 '밥 먹듯 하다.'를 넣어 짧은 글을 지어 보세요.

→ _____

보기
① 유제품 ② 오븐 ③ 급식판 ④ 영양소 ⑤ 성장기
⑥ 비타민 ⑦ 곡류 ⑧ 지방 ⑨ 체중 ⑩ 근육

총 문제 개수 (32)개 | 총 맞은 개수 (　)개 | 총 틀린 개수 (　)개

공부한 내용을 머릿속에 쏙쏙 넣는 방법, 무엇일까요? 눈과 귀를 한꺼번에 이용하면 좌뇌와 우뇌가 모두 사용되어서 2배의 암기 효과를 얻을 수 있습니다. 또, 과감히 책상을 떠나는 것도 암기에 도움이 될 수 있습니다. 외워야 할 내용을 집안 여기저기에 붙이고, 틈틈이 외우는 거지요. 화장실도 좋고, 텔레비전 옆도 훌륭한 암기 장소가 될 수 있어요. 한편, 외운 내용의 앞부분과 끝부분은 잘 기억나지만, 중간에 있는 내용은 잘 잊어버린다고 합니다. 그러니까 중간에 있는 내용은 한 번 더 점검하는 것이 좋아요. 끝으로, 가장 중요한 것은 자신감을 가져야 한다는 점입니다. '나는 암기도사!'라고 스스로에게 주문을 걸면, 어떤 것도 머릿속에 쏙쏙 기억할 수 있을 거예요.

머리 풀어주는 퍼즐

도전 시간	걸린 시간
00 분 15 초	분 초

창의사고력 기초 다지기 연상추리력 쑥~

다음 도형들의 순서를 잘 살펴보고, 마지막에 올 도형을 그려 보세요.

문제 1

문제 2

문제 3

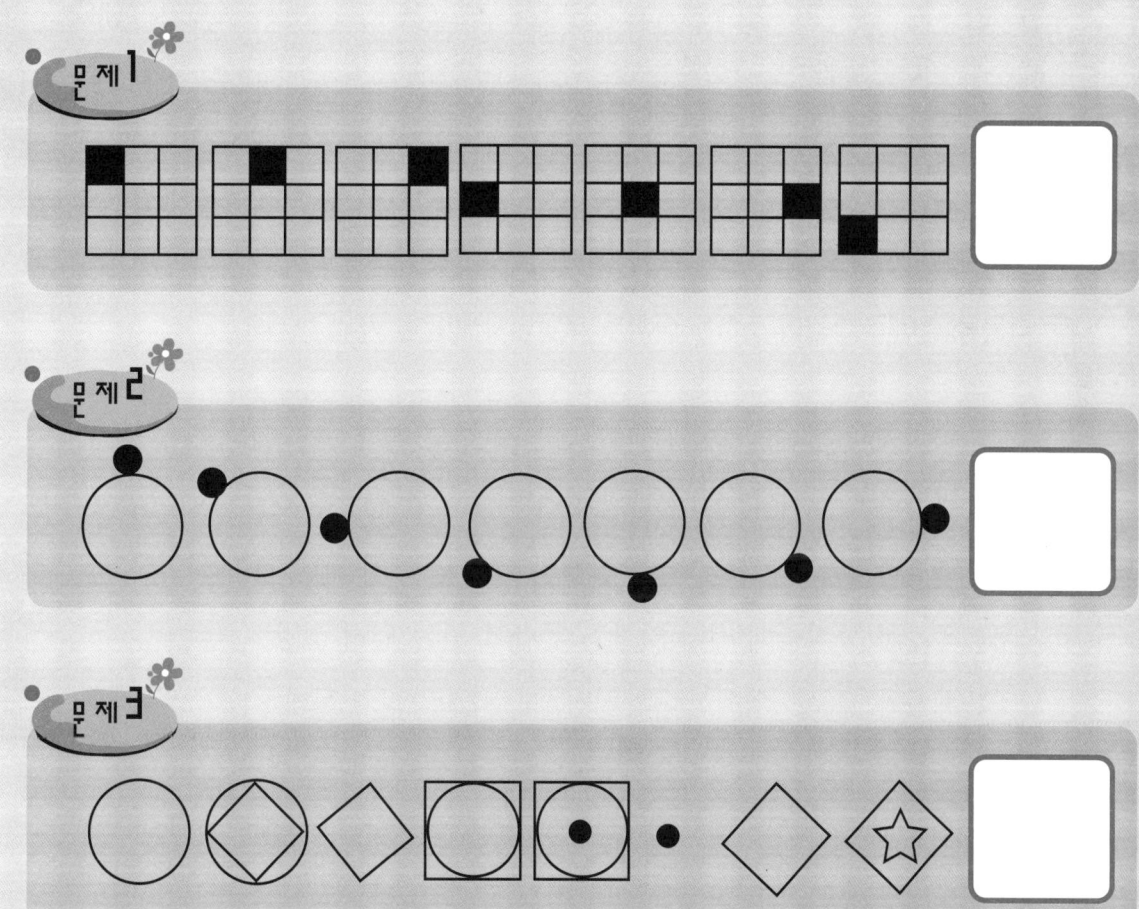

낱말이 쏙 생각이 쑥

도전시간 7분 50초 / 걸린시간 분 초

1. 가로세로 어휘 찾기

다음 네모에서 알고 있는 어휘를 찾아 동그라미를 해 보세요.

여기서 찾은 어휘로 2~6번 문제를 풀어요!

가	단	군	철	왕	검	홍	익	인	간
락	청	동	기	환	웅	샤	제	사	장
바	★	고	조	선	녀	머	정	지	고
퀴	청	동	거	울	★	니	일	배	인
거	푸	집	토	테	미	즘	치	자	돌

내가 찾은 어휘 ○ 개

2. 어휘 뜻 알기

문제 개수 8개
맞은 개수 ○ 개
틀린 개수 ○ 개

다음 설명이나 그림이 뜻하는 어휘가 무엇인지 빈칸을 채워 보세요.

- 가) 역사에서 청동으로 만든 기구를 사용하던 시대 …… ☐ ☐ 기
- 나) 단군의 건국 이념으로, 널리 인간을 이롭게 한다는 뜻 … ☐ 익 간
- 다) 제례나 주문(呪文)에 밝아 영험한 경험을 하게 하는 사람 ·· ☐ 장
- 라) 특정한 동식물에 신이 깃들어 있다고 믿는 원시 신앙 · 토 ☐
- 마) 제사와 정치가 일치한다는 사상. 또는 그런 정치 형태 · ☐ 일 치

바) 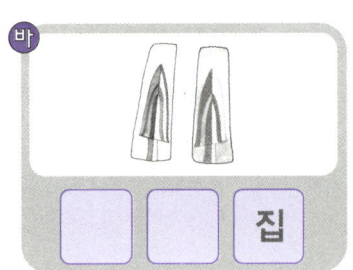 ☐ ☐ 집

사)  ☐ ☐ 돌

아) 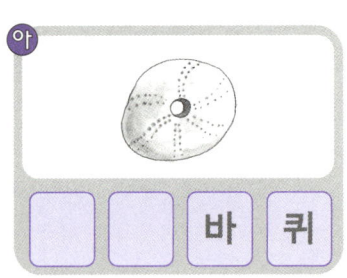 ☐ ☐ 바퀴

58

3 비슷한 말 반대말 알기

문제 개수 6개
맞은 개수 ___개
틀린 개수 ___개

다음에서 비슷한 뜻끼리 짝지어진 것에는 '='로, 반대의 뜻끼리 짝지어진 것에는 '↔'로 나타내거나, 부호에 알맞게 어휘를 채워 보세요.

단군	=	(가)
거푸집	(나)	주형(鑄型)
고인돌	(다)	지석묘

제정 일치	(라)	제정 분리
가락바퀴	(마)	가락고동
지배자	(바)	우두머리

4 큰 말 작은 말 알기

문제 개수 9개
맞은 개수 ___개
틀린 개수 ___개

어휘의 포함 관계에 따라 '<', 또는 '>'로 나타내고, 그림의 위치에 알맞게 어휘를 넣어 보세요.

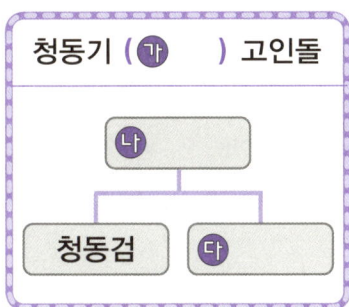
청동기 (가) 고인돌
나
청동검 / 다

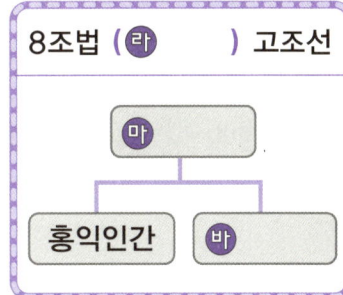
8조법 (라) 고조선
마
홍익인간 / 바

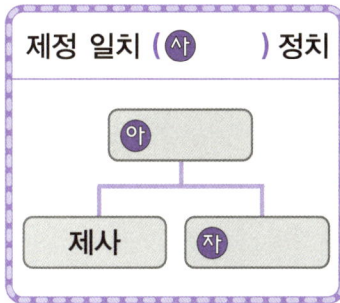
제정 일치 (사) 정치
아
제사 / 자

5 관용어 알기

문제 개수 4개
맞은 개수 ___개
틀린 개수 ___개

짝을 이루는 말을 찾아 동그라미 하고, 그 말의 뜻을 보기에서 찾아 번호를 쓰세요.

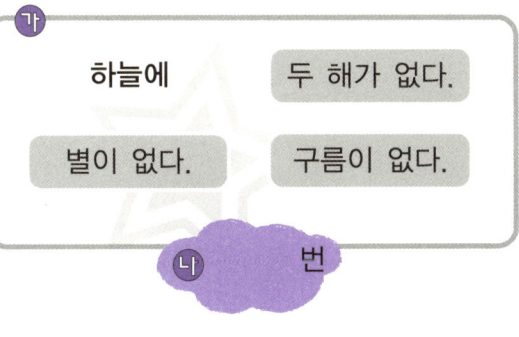
(가) 하늘에 / 두 해가 없다. / 별이 없다. / 구름이 없다.
(나) ___번

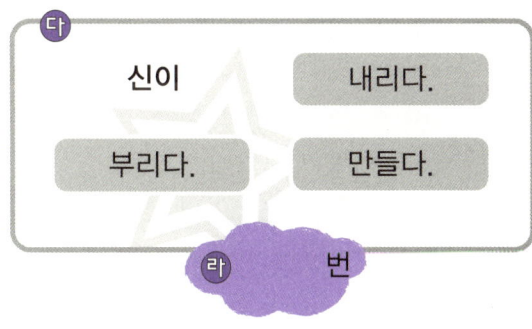
(다) 신이 / 내리다. / 부리다. / 만들다.
(라) ___번

보기
① 한 나라에 임금이 둘이 있을 수 없다는 말
② 신이 무당에게 붙어 영(靈)적인 행동을 함.
③ 아주 오랜 시간이 지남.

6 어휘 활용하기

다음 가~라의 ( )에 알맞은 어휘를 보기에서 찾아 번호를 쓰고, 마의 질문에 답해 보세요.

문제 개수 5개

맞은 개수 ( ) 개
틀린 개수 ( ) 개

가 청동거울과 방울은 (　　　) 시대의 유물들이다.
나 청동검은 녹인 청동을 (　　　)에 부어 넣은 후 식혀서 만들었다.
다 단군 신화에 등장하는 곰과 호랑이를 통해 동물을 숭배한 (　　　)을/를 볼 수 있다.
라 고조선은 정치와 제사를 일치시켰던 (　　　) 사회였다.
마 '고인돌'을 넣어 짧은 글을 지어 보세요.
→

보기
① 청동거울 ② 청동기 ③ 거푸집 ④ 고인돌 ⑤ 홍익인간
⑥ 고조선 ⑦ 단군 ⑧ 제사장 ⑨ 토테미즘 ⑩ 제정 일치

총 문제 개수 32 개 | 총 맞은 개수 ( ) 개 | 총 틀린 개수 ( ) 개

우리 뇌는 우리가 상상하는 것보다 더 많은 능력을 갖고 있습니다. 뇌를 골고루 발달시키는 체조를 통해서 창의력도 키우고, 우리 뇌가 갖고 있는 능력을 더 많이 활용해 봅시다.

좌뇌와 우뇌를 골고루 자극해서 발달시키는 체조 중에 '머리 자극하기'가 있습니다. 방법은 아주 간단합니다. 피곤하거나 졸음이 올 때, 양 손가락을 세워서 손끝으로 머리를 가볍게 톡톡 두드립니다. 이 때 손톱으로 두드리지 말고, 지문이 있는 손끝으로 두드려야 해요. 머리 위 정수리와 머리 옆 쪽, 뒤쪽을 골고루 두드려 줍니다. 이렇게 머리를 자극하면 뇌 세포가 활발하게 움직여, 창의력이 쑥쑥 자라난답니다.

창의사고력 기초 다지기 판단능력

다음 도형 그림에는 ㄱ부터 ㅅ의 자음 중 빠진 자음이 하나씩 있습니다. 어떤 도형에 어떤 자음이 빠져 있는지 찾아 보세요.

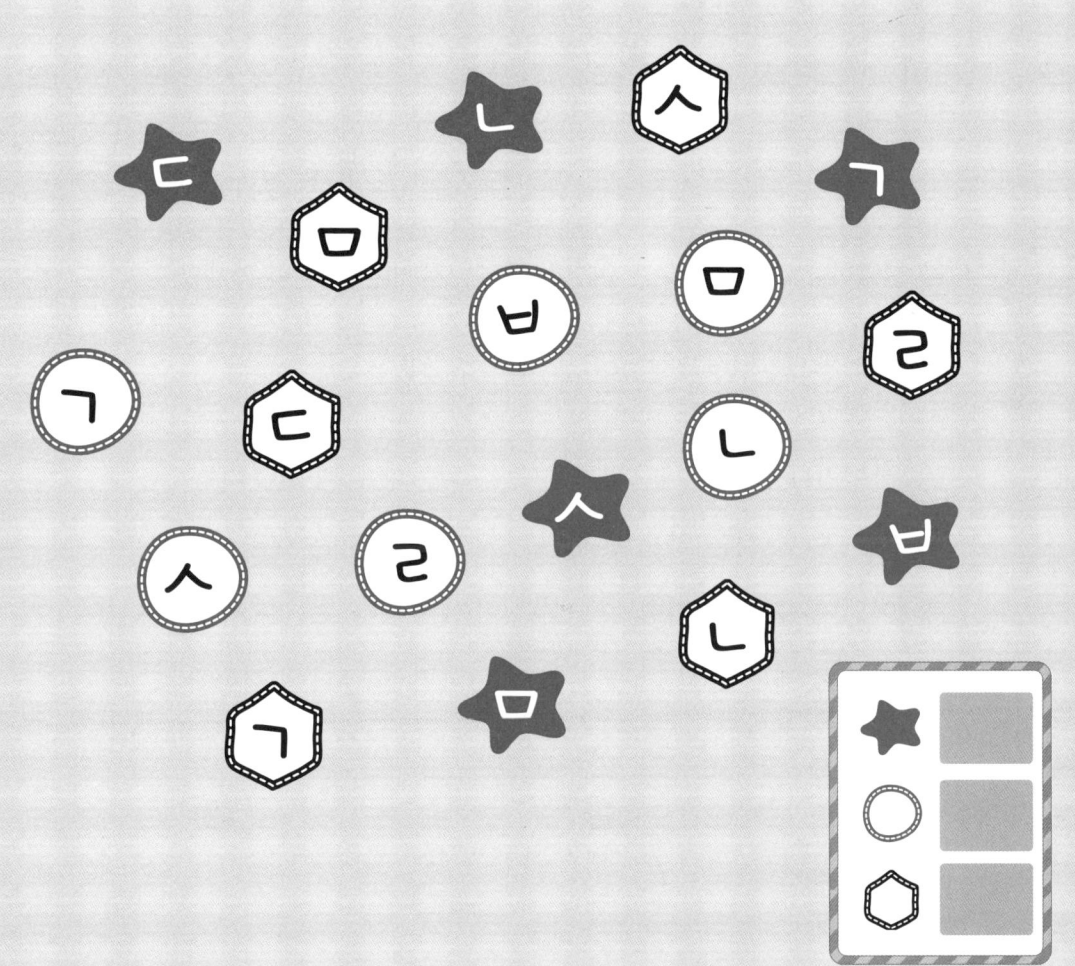

도전시간 7 분 10 초 | 걸린시간 분 초

1 가로세로 어휘 찾기

다음 네모에서 알고 있는 어휘를 찾아 동그라미를 해 보세요.

여기서 찾은 어휘로 2~6번 문제를 풀어요!

부	귀	영	화	모	깃	불	주	술	적
태	번	경	계	심	털	위	약	효	과
풍	갈	평	★	육	갈	건	망	증	옹
★	아	상	초	식	이	어	깃	장	이
피	해	또	래	삿	갓	말	상	대	가

내가 찾은 어휘   개

2 어휘 뜻 알기

다음 설명이나 그림이 뜻하는 어휘가 무엇인지 빈칸을 채워 보세요.

문제 개수 8 개
맞은 개수   개
틀린 개수   개

㉮ 재산이 많고 지위가 높으며 귀하게 되어 온갖 영광을 누림. ······ ☐☐☐

㉯ 불행이나 재해를 막으려고 주문을 외거나 술법을 부리는 것 ·· ☐☐ 적

㉰ 약이 아닌 것을 약으로 믿어 증세가 나아지는 효과 ······ ☐ 효 과

㉱ 어떤 일을 잘 기억하지 못하는 증세 ················ ☐☐ 증

㉲ 어떤 것에 순순히 따르지 않고 못마땅한 말이나 행동으로 뻗대는 것 ····· ☐☐ 장

㉳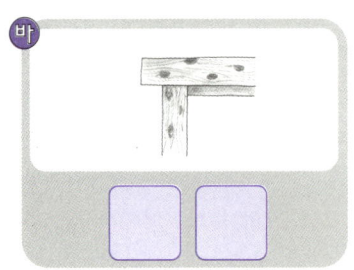
☐☐

㉴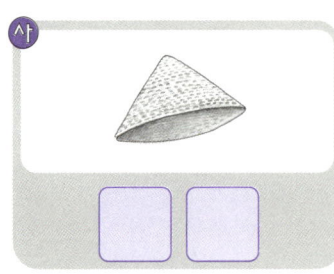
☐☐

㉵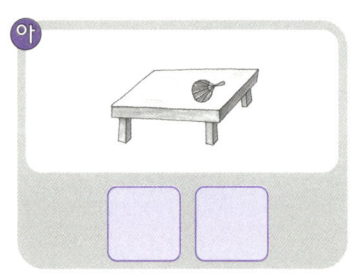
☐☐

다음에서 비슷한 뜻끼리 짝지어진 것에는 '='로, 반대의 뜻끼리 짝지어진 것에는 '↔'로 나타내거나, 부호에 알맞게 어휘를 채워 보세요.

번갈아	(가)	교대로
부귀영화	(나)	고생
과학적	↔	(다)

육식	↔	(라)
옹이	(마)	그루터기
피해	(바)	손해

어휘의 포함 관계에 따라 '<', 또는 '>'로 나타내고, 그림의 위치에 알맞게 어휘를 넣어 보세요.

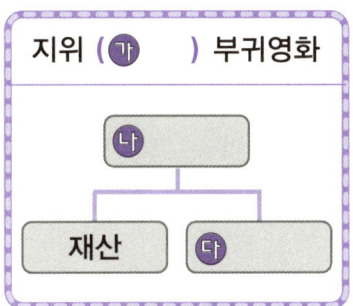 지위 (가   ) 부귀영화

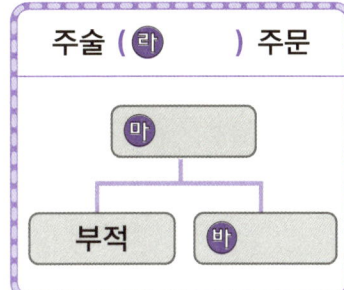 주술 (라   ) 주문

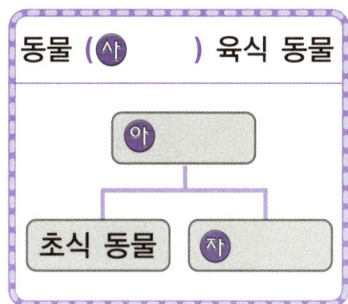 동물 (사   ) 육식 동물

짝을 이루는 말을 찾아 동그라미 하고, 그 말의 뜻을 보기 에서 찾아 번호를 쓰세요.

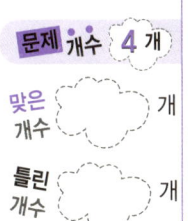

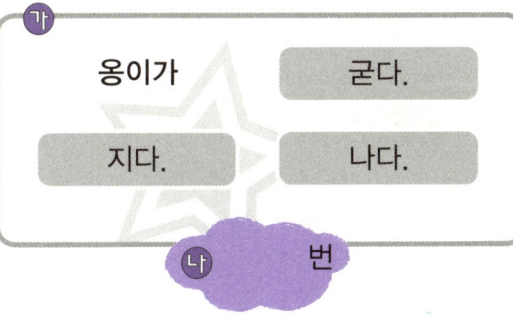

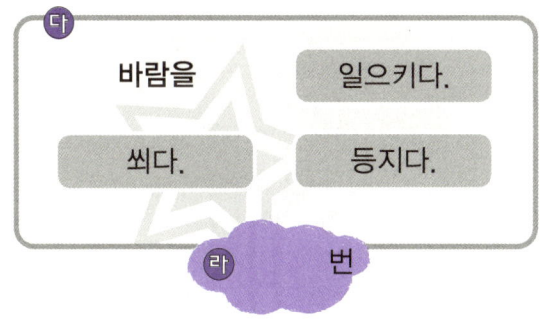

보기
① 남을 부추겨서 무슨 행동을 하려는 마음이 생기게 만듦.
② 나뭇가지에 그루터기가 지거나 살에 굳은살이 박힘.
③ 사회적으로 많은 사람에게 영향을 미침.

6 어휘 활용하기

다음 가~라의 ( )에 알맞은 어휘를 보기에서 찾아 번호를 쓰고, 마의 질문에 답해 보세요.

문제 개수 5개
맞은 개수 ⃝ 개
틀린 개수 ⃝ 개

가 여름, 마당에는 (　　　)이/가 피어오르고 우리들은 이야기꽃을 피웠다.
나 우리 동네에는 내 (　　　)의 친구들이 없어서 나는 늘 심심하다.
다 부적을 붙이거나 굿을 하는 것은 자신의 어려움을 이겨 보려는 (　　　) 의미가 있다.
라 외로운 사람들에게 (　　　)이/가 되어 주는 일도 아주 좋은 일이지.
마 '바람을 일으키다.'를 넣어 짧은 글을 지어 보세요.
→

보기
① 부귀영화　② 모깃불　③ 주술적　④ 번갈아　⑤ 옹이
⑥ 말상대　⑦ 초식　⑧ 육식　⑨ 삿갓　⑩ 또래

총 문제 개수 32개 | 총 맞은 개수 ⃝ 개 | 총 틀린 개수 ⃝ 개

좋은 습관 다지는 7교시 방학 생활은 이렇게!

즐거운 방학! 방학이 되면 밤늦게까지 텔레비전을 보거나 컴퓨터 게임를 하고 늦잠을 자는 경우가 많습니다. 하지만 알차고 보람 있는 방학을 보내려면, 방학 내내 이렇게 지내면 안 되겠지요?

잠은 평소보다 조금 더 자도 좋아요. 하지만 밤 12시 이전에는 잠을 자야 합니다. 또 아침에 일어나 식사도 하고, 공부도 하고, 방학 숙제도 하고, 또 운동도 해야 생활 습관을 흐트러뜨리지 않을 수 있어요. 이렇게 규칙적으로 생활을 해야 건강도 지킬 수 있고, 방학 숙제도 밀리지 않고 잘 할 수 있지요.

14회 머리 풀어주는 퍼즐

도전 시간 00분 15초

걸린 시간 분 초

창의사고력 기초 다지기 정보처리능력 쏙~

☆ → ☆ → 🏠 의 순서대로 이동하여 도착점에 도달할 수 있도록 선을 그어 보세요. 단, 가로 또는 세로로만 움직여야 합니다.

도전시간 8 분 40 초 걸린시간 　분　초

1 가로세로 어휘 찾기

다음 네모에서 알고 있는 어휘를 찾아 동그라미를 해 보세요.

여기서 찾은 어휘로 2~6번 문제를 풀어요!

경	쟁	직	업	저	축	능	력	적	성
제	품	장	종	금	★	음	식	점	★
문	비	디	오	대	여	점	광	제	일
방	서	점	임	소	비	★	업	조	자
구	★	기	업	어	업	축	산	업	리

내가 찾은 어휘 　개

2 어휘 뜻 알기

문제 개수 8 개

맞은 개수 　개
틀린 개수 　개

다음 설명이나 그림이 뜻하는 어휘가 무엇인지 빈칸을 채워 보세요.

㉮ 인간의 생활에 필요한 물건이나 일을 생산·분배·소비하는 모든 활동 ⋯⋯ □□

㉯ 같은 목적에 대하여 이기거나 앞서려고 서로 겨룸. ⋯⋯ □□

㉰ 생계를 유지하기 위해 일정한 기간 동안 계속하여 종사하는 일 ⋯ □□

㉱ 어떤 일에 알맞은 성질이나 적응 능력. 또는 그와 같은 소질이나 성격 ⋯ □□

㉲ 생계를 꾸려 나갈 수 있는 수단으로서의 직업 ⋯⋯ □□ 리

㉳ □ 업

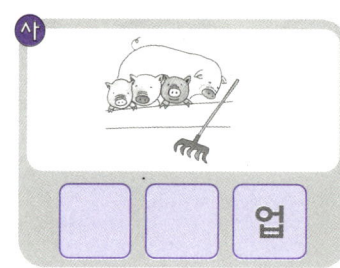
㉴ □ 업

㉵ □ 업

66

비슷한 말 반대말 알기

다음에서 비슷한 뜻끼리 짝지어진 것에는 '=' 로, 반대의 뜻끼리 짝지어진 것에는 '↔' 로 나타내거나, 부호에 알맞게 어휘를 채워 보세요.

직장	=	(가)
소비자	(나)	생산자
책방	=	(다)

취직	(라)	실직
저축	(마)	저금
기업	(바)	회사

큰 말 작은 말 알기

어휘의 포함 관계에 따라 '<', 또는 '>' 로 나타내고, 그림의 위치에 알맞게 어휘를 넣어 보세요.

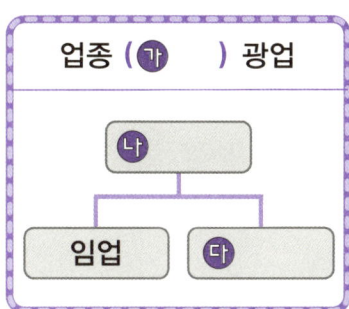
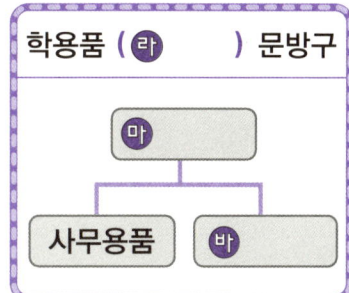
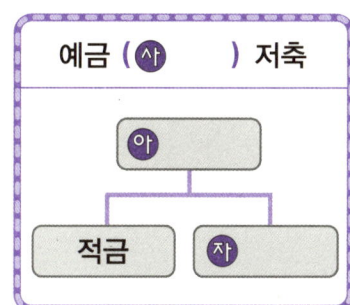

관용어 알기

짝을 이루는 말을 찾아 동그라미 하고, 그 말의 뜻을 보기 에서 찾아 번호를 쓰세요.

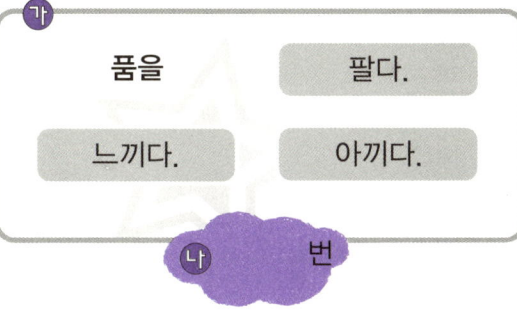
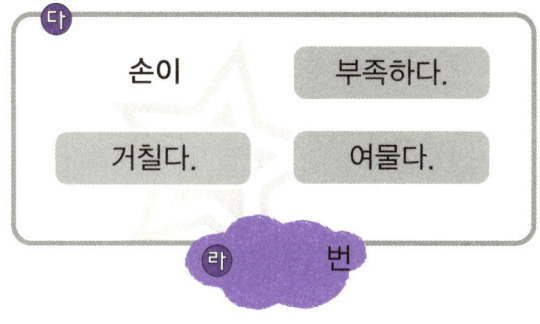

보기
① 인정이 많아 다른 사람에게 잘 나눠 줌.
② 품삯을 받고 일함.
③ 일하는 것이 빈틈없고 매우 야무짐.

6 어휘 활용하기

다음 가~라의 ( )에 알맞은 어휘를 보기에서 찾아 번호를 쓰고, 마의 질문에 답해 보세요.

문제 개수 5개

가. 무조건 이기려는 마음보다는 서로의 발전을 위한 (   )이/가 바람직하다.
나. 광석을 캐는 광부들이야말로 우리나라의 (   )을/를 발전시키는 분들이다.
다. 직업 선택에서 가장 중요한 것은 자신의 능력과 (   )(이)다.
라. (   )이/가 제품의 품질을 꼼꼼이 따질 때 생산자는 더욱 기술에 힘쓰게 된다.
마. '직업'을 넣어 짧은 글을 지어 보세요.
→ _____

보기
① 광업   ② 제조업   ③ 축산업   ④ 적성   ⑤ 일자리
⑥ 임업   ⑦ 경쟁   ⑧ 저축   ⑨ 문방구   ⑩ 소비자

총 문제 개수 32개 | 총 맞은 개수 ( )개 | 총 틀린 개수 ( )개

좋은 습관 다지는 7교 - 우리 몸, 이렇게 관리해요!

우리의 몸은 우리 스스로가 아끼고 잘 관리해야 합니다. 다음 1번부터 7번까지의 규칙을 늘 기억하고 챙기도록 하세요.

1. 등을 따뜻하게 할 것
2. 배를 따뜻하게 할 것
3. 발을 따뜻하게 할 것
4. 머리를 서늘하게 할 것
5. 가슴을 서늘하게 할 것
6. 깜짝 놀랄 만큼 괴상한 물건을 보지 말 것
7. 찬 음식보다는 따뜻한 음식을 먹어서 위장을 항상 따뜻하게 유지할 것

15회 머리 풀어주는 퍼즐

도전 시간 00분 20초 **걸린 시간** 분 초

창의사고력 기초 다지기 계산능력

사다리를 타고 내려가면서, 같은 도형 속의 숫자가 나올 수 있도록 +, −, ×를 이용해 빈칸을 채워 보세요.(단, 자연수만 이용합니다.)

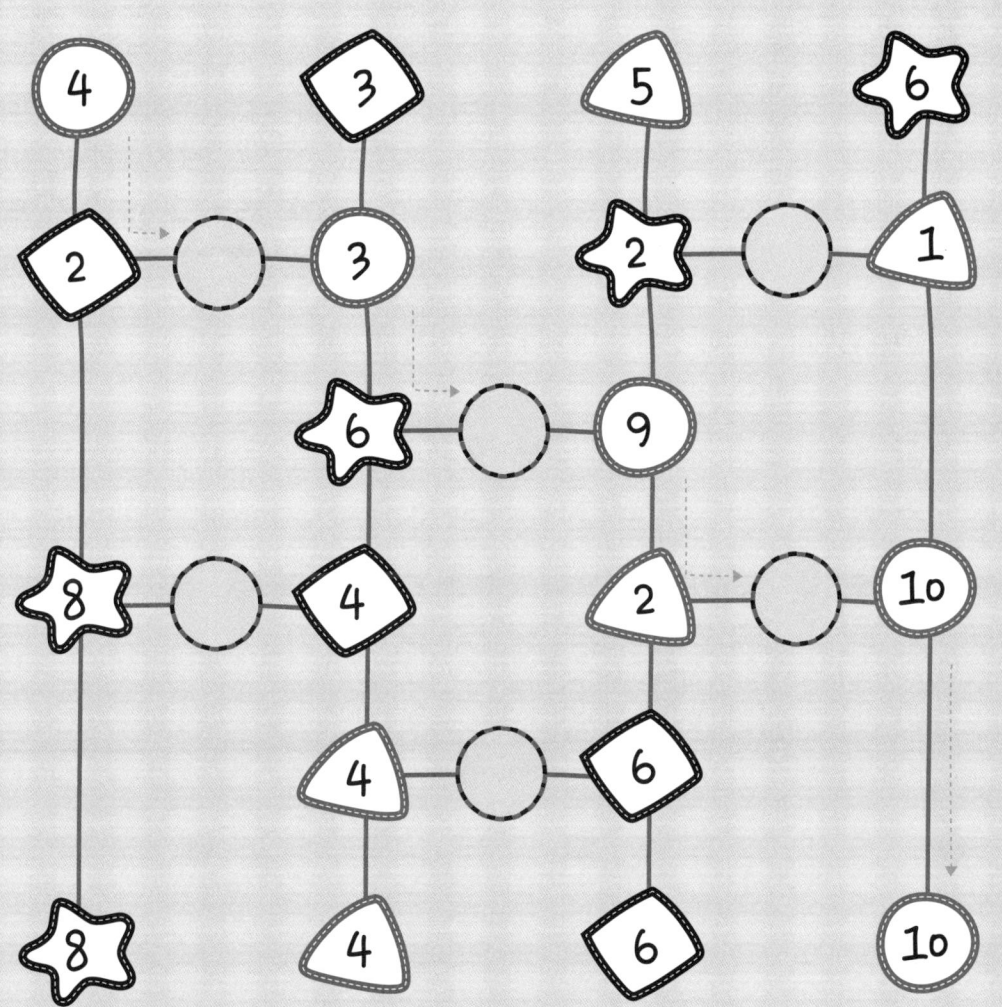

도전시간 8 분 30 초 | 걸린시간 분 초

1 가로세로 어휘 찾기

다음 네모에서 알고 있는 어휘를 찾아 동그라미를 해 보세요.

여기서 찾은 어휘로 2~6번 문제를 풀어요!

생	장	겨	부	엉	이	사	막	산	염
적	응	울	환	겨	우	살	이	성	기
유	씨	눈	경	지	시	약	상	중	성
선	앗	작	용	보	호	색	록	★	기
형	★	물	갈	퀴	침	엽	수	공	생

내가 찾은 어휘 ◯ 개

2 어휘 뜻 알기

다음 설명이나 그림이 뜻하는 어휘가 무엇인지 빈칸을 채워 보세요.

문제 개수 8개
맞은 개수 ◯ 개
틀린 개수 ◯ 개

- 가) 생물이 나서 자라는 것 ········· ☐ ☐
- 나) 염기가 지니는 기본적 성질, 페하(pH)는 7보다 크다. ···· ☐ 성
- 다) 침전물이나 색의 변화로 그 반응을 판정하는 데 쓰는 시약 ·· ☐ 약
- 라) 두 생물이 함께 생활하며, 한쪽에게 다른 쪽이 해를 입는 생활 형태 ·· ☐
- 마) 자신의 몸을 보호하기 위하여 주위와 비슷하게 되어 있는 몸의 색깔 ☐ ☐ 색

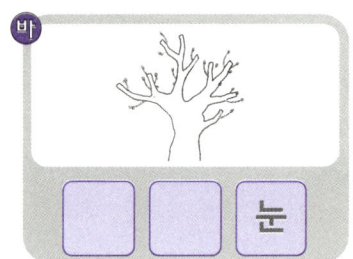

바) ☐ ☐ 눈

사) ☐ ☐ ☐

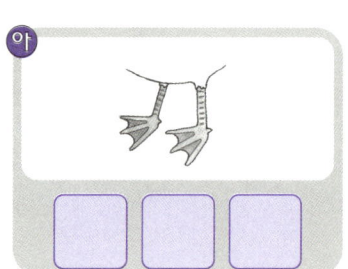

아) ☐ ☐ ☐

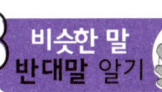

비슷한 말 반대말 알기

다음에서 비슷한 뜻끼리 짝지어진 것에는 '='로, 반대의 뜻끼리 짝지어진 것에는 '↔'로 나타내거나, 부호에 알맞게 어휘를 채워 보세요.

문제 개수 6개

맞은 개수 ( ) 개
틀린 개수 ( ) 개

알칼리성	=	(가)
활엽수	(나)	침엽수
은폐색	=	(다)

생장	(라)	성장
작용	(마)	반작용
기생	(바)	공생

큰 말 작은 말 알기

어휘의 포함 관계에 따라 '<', 또는 '>'로 나타내고, 그림의 위치에 알맞게 어휘를 넣어 보세요.

문제 개수 9개

맞은 개수 ( ) 개
틀린 개수 ( ) 개

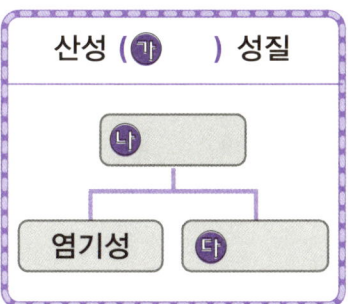
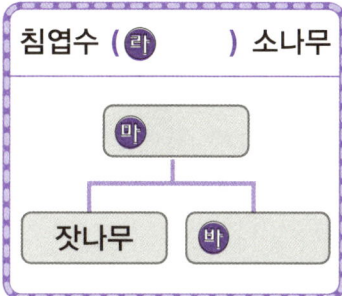
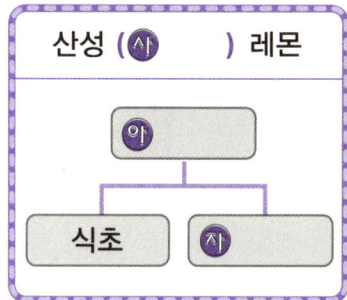

관용어 알기

짝을 이루는 말을 찾아 동그라미 하고, 그 말의 뜻을 보기 에서 찾아 번호를 쓰세요.

문제 개수 4개

맞은 개수 ( ) 개
틀린 개수 ( ) 개

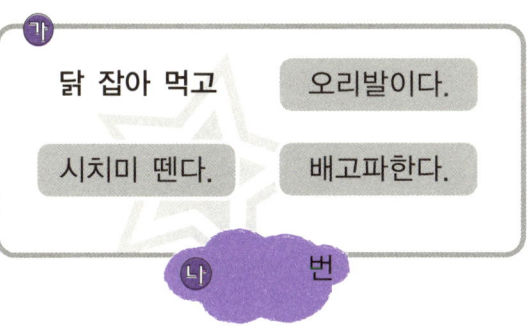
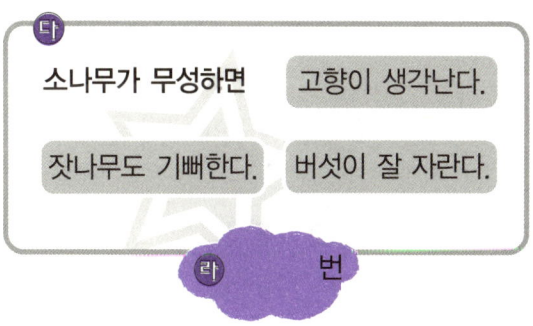

보기
① 닭보다는 오리가 맛이 좋음.
② 자기편 사람이 잘되면 좋아함.
③ 옳지 못한 일을 저질러 놓고 엉뚱한 수작으로 속여 넘기려 함.

6 어휘 활용하기

다음 가~라의 ( )에 알맞은 어휘를 보기에서 찾아 번호를 쓰고, 마의 질문에 답해 보세요.

문제 개수 5개
맞은 개수 ___개
틀린 개수 ___개

가 겨울이면 목련나무 끝에는 (　　　)이/가 뾰족하게 달린다.
나 악어와 악어새처럼 서로 도움을 주고 사는 것을 (　　　)(이)라고 한다.
다 비행기나 배는 공기나 물의 저항을 덜 받기 위해 (　　　)(으)로 만든다.
라 소나무나 사철나무처럼 사계절 내내 푸른 나무를 (　　　)(이)라고 부른다.
마 '닭 잡아 먹고 오리발이다.' 는 어떤 경우에 쓰이는 말인지 써 보세요.

→ _____

보기
① 겨울눈　② 공생　③ 기생　④ 작용　⑤ 지시약
⑥ 산성　⑦ 염기성　⑧ 유선형　⑨ 상록수　⑩ 생장

총 문제 개수 32개 | 총 맞은 개수 ___개 | 총 틀린 개수 ___개

좋은 습관 다지는 72 공부 잘하는 어린이의 남다른 습관

공부 잘하는 어린이는 남들과는 다른 습관을 가지고 있다고 해요. 자신은 이 습관 중에 몇 가지를 가지고 있는지 표시해 보고, 어떤 습관을 길러야 할지 생각해 봅시다.

♠ 잠을 충분히 자요.
♠ 아침밥은 꼭 먹어요.
♠ 예습과 복습을 철저히 해요.
♠ 어떤 책이든 책을 많이 읽어요.
♠ 학교 준비물을 잊지 않고 챙겨요.
♠ 학교 수업 시간에 정신을 집중하며 들어요.

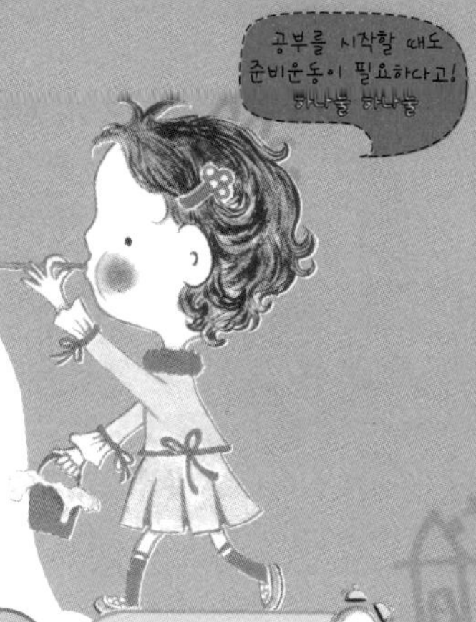

머리 풀어주는 퍼즐

도전 시간 00분 15초 | 걸린 시간 분 초

창의사고력 기초 다지기 주의집중력 쑥~

다음 ❶~❹ 중 보기 의 그림과 같은 그림을 찾으세요.

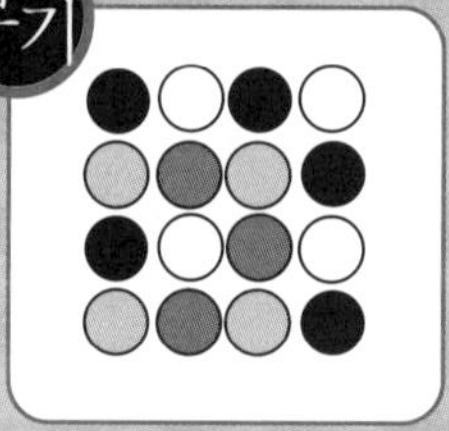

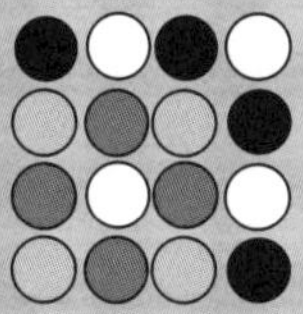

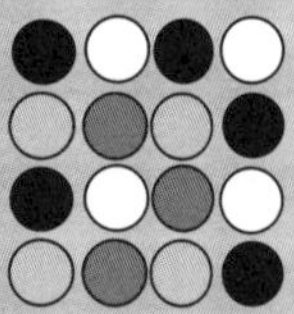

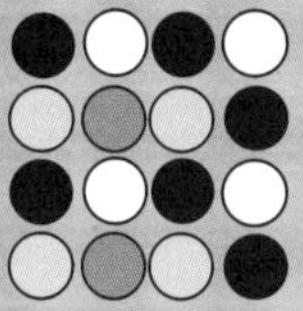

문제 1

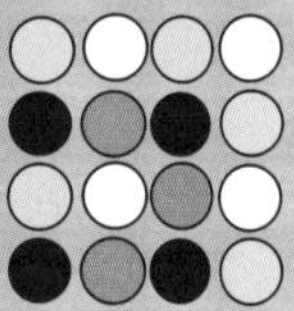

번

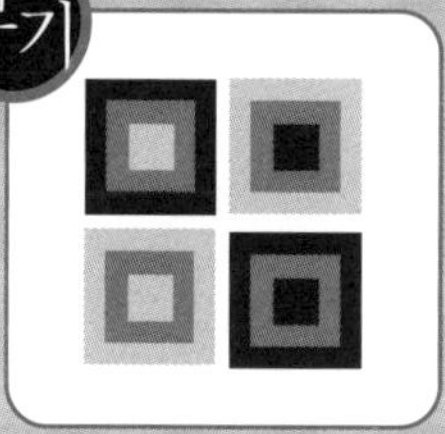

문제 2

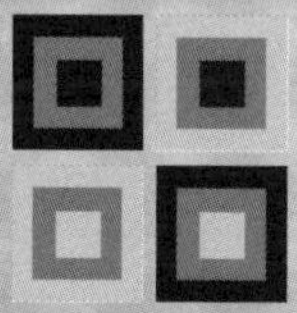

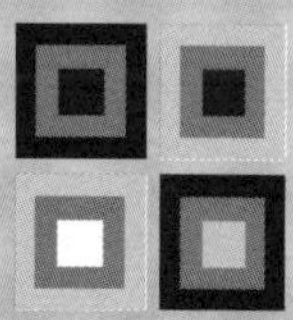

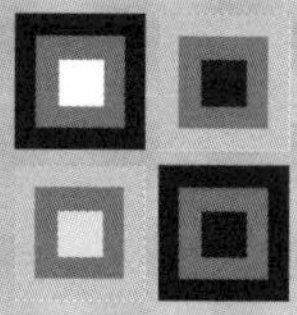

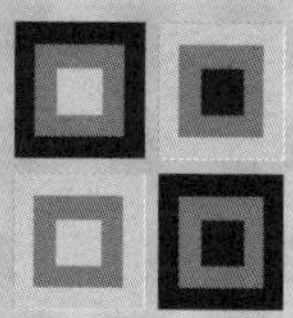

번

1. 가로세로 어휘 찾기

다음 네모에서 알고 있는 어휘를 찾아 동그라미를 해 보세요.

호	유	언	장	충	무	뚝	뚝	함	응
사	양	편	학	고	★	소	문	병	석
스	폭	식	금	만	족	극	경	효	잔
럽	다	혈	질	적	극	적	험	도	소
다	비	웃	음	공	경	고	려	장	리

여기서 찾은 어휘로 2~6번 문제를 풀어요!

내가 찾은 어휘　　개

2. 어휘 뜻 알기

다음 설명이나 그림이 뜻하는 어휘가 무엇인지 빈칸을 채워 보세요.

문제 개수 8개
맞은 개수 　개
틀린 개수 　개

- 가) 호화롭게 사치하는 태도가 있다. ……… ☐ ☐ 스 럽 다
- 나) 말이나 행동이 부드럽고 상냥스러운 면이 없어 정답지가 않음. ……… ☐ ☐ 함
- 다) 감정의 움직임이 빨라 민감하고 성급하며 인내력이 부족한 기질 · ☐ ☐ 질
- 라) 대상에 대한 태도가 긍정적이고 능동적인 것 ……… ☐ ☐ 적
- 마) 예전에, 늙은 사람을 산 채로 버렸다가 죽은 뒤에 장사 지냈다는 일 · ☐ ☐ 장

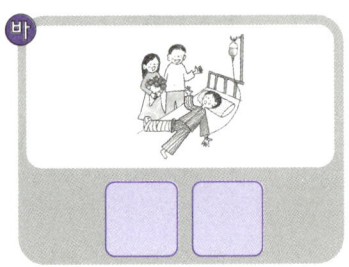
☐ ☐

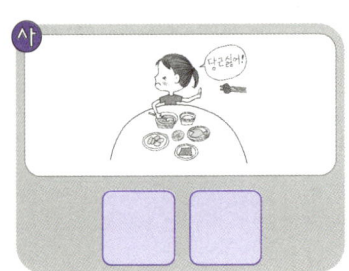
☐ ☐

잔 ☐ ☐

3 비슷한 말 반대말 알기

다음에서 비슷한 뜻끼리 짝지어진 것에는 '='로, 반대의 뜻끼리 짝지어진 것에는 '↔'로 나타내거나, 부호에 알맞게 어휘를 채워 보세요.

문제 개수 6개

불만	↔	(가)
사양	(나)	거절
소극적	(다)	적극적

폭식	(라)	소식
응석	(마)	어리광
(바)	↔	불효

4 큰 말 작은 말 알기

어휘의 포함 관계에 따라 '<', 또는 '>'로 나타내고, 그림의 위치에 알맞게 어휘를 넣어 보세요.

문제 개수 9개

식사 습관 (가   ) 편식
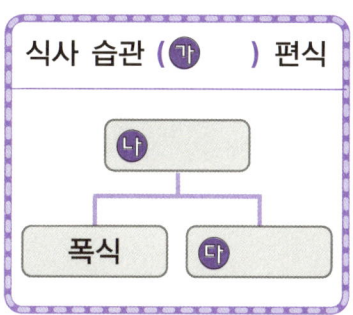

성격 (라   ) 무뚝뚝함
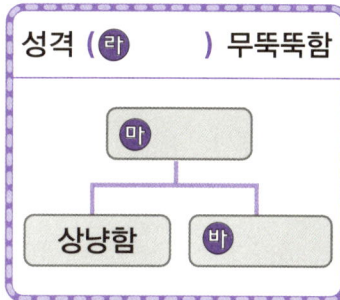

소극적 (사   ) 태도
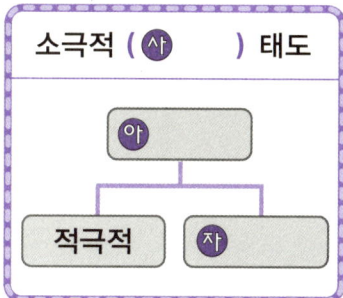

5 관용어 알기

짝을 이루는 말을 찾아 동그라미 하고, 그 말의 뜻을 보기에서 찾아 번호를 쓰세요.

문제 개수 4개

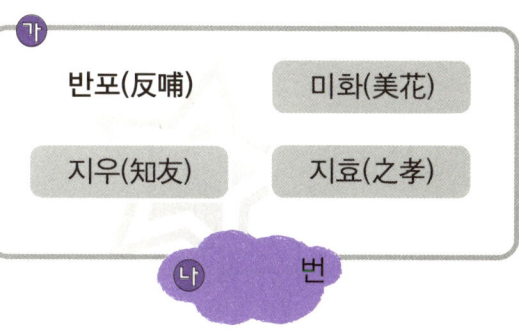
(나   ) 번

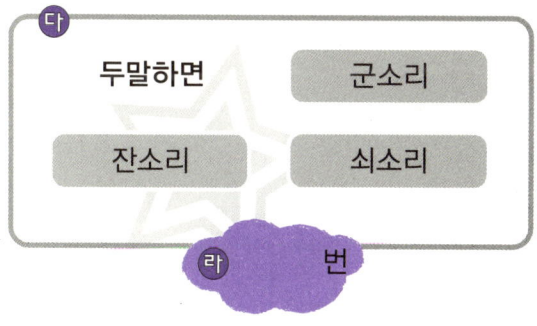
(라   ) 번

보기
① 자식이 어른이 되어서 어버이의 은혜를 갚음.
② 돌고 있는 소문이 매우 나쁨.
③ 이미 말한 내용이 틀림없으므로 더 말할 필요가 없음.

6 어휘 활용하기

다음 가~라의 ( )에 알맞은 어휘를 보기에서 찾아 번호를 쓰고, 마의 질문에 답해 보세요.

문제 개수 5개

맞은 개수 ( )개
틀린 개수 ( )개

가 그는 일곱 명의 딸을 낳고 얻은 귀한 아들이라 ( )이/가 매우 심했다.
나 병원에 입원하신 선생님께 반 아이들이 함께 ( )을/를 갔다.
다 ( )이/가 있던 옛날에는 부모를 숨겨 두고 봉양하는 사람들도 있었다.
라 무슨 복권이라도 당첨되었는지 그의 씀씀이는 매우 ( ).
마 '반포지효(反哺之孝)'를 넣어 짧은 글을 지어 보세요.

→ _____

보기
① 문병 ② 비웃음 ③ 무뚝뚝함 ④ 편식 ⑤ 호사스럽다
⑥ 고려장 ⑦ 만족 ⑧ 적극적 ⑨ 사양 ⑩ 응석

총 문제 개수 32개 | 총 맞은 개수 ( )개 | 총 틀린 개수 ( )개

좋은 습관 다지는

잘 먹여야 키가 잘 자라요!

키를 쑥쑥 키우기 위해서는 일단 잘 먹어야 합니다. 모든 종류의 음식을 골고루 먹는 것이 중요하지만, 특히 뼈째 먹는 작은 생선, 말린 표고버섯, 해초류, 채소류, 씨앗류(참깨, 들깨, 잣 등)는 끼니마다 챙겨 먹는 것이 좋다고 합니다. 이 때 음식은 이로 꼭꼭 씹어 먹어야 합니다. 또 배가 너무 부를 만큼 많이 먹으면 안 돼요. 위장에서 감당하기 힘들 정도로 많이 먹으면 오히려 위장에 문제가 생길 수 있기 때문입니다. 그리고 위장에 문제가 생기면 키가 자라는 데 방해가 된다고 합니다.

머리 풀어주는 퍼즐

창의사고력 기초 다지기 연상추리력 쑥~

도전 시간 00분 15초
걸린 시간 　분　초

다음 그림의 빈 자리에 들어가기에 알맞은 모양을 ❶~❽에서 골라 ( )에 쓰세요.

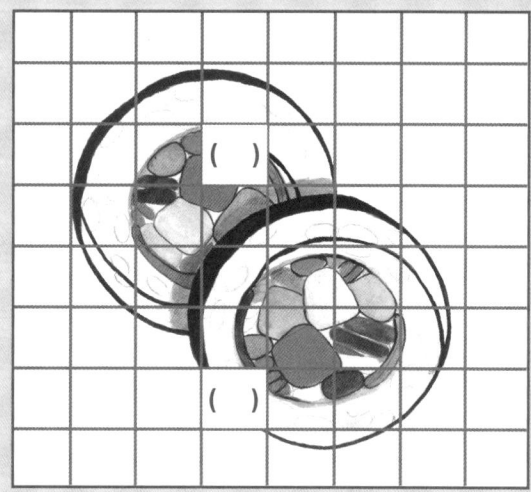

   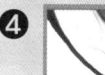

8 분 00 초   분 초

1 가로세로 어휘 찾기 다음 네모에서 알고 있는 어휘를 찾아 동그라미를 해 보세요.

여기서 찾은 어휘로 2~6번 문제를 풀어요!

컴	퓨	터	소	바	이	러	스	★	보
모	증	권	프	금	자	예	금	주	험
니	본	수	트	융	결	산	서	지	액
터	체	입	웨	기	★	서	대	출	수
하	드	웨	어	관	용	돈	기	입	장

내가 찾은 어휘   개

2 어휘 뜻 알기   다음 설명이나 그림이 뜻하는 어휘가 무엇인지 빈칸을 채워 보세요.

문제 개수 8개

맞은 개수   개
틀린 개수   개

㉮ 컴퓨터 프로그램 및 그와 관련된 문서들을
통틀어 이르는 말 ················ ☐ ☐ ☐ 웨 어

㉯ 사고에 대비하여 미리 돈을 적립해 두었다가 보상받는 제도 ···· ☐ 험

㉰ 법적으로 재산권을 표시한 문서나 서류 ················ ☐ ☐

㉱ 수입과 지출을 미리 어림잡아 셈한 것을 적은 서류 ······· ☐ 서

㉲ 컴퓨터를 비정상적으로 작용하게 만드는 프로그램 ·· ☐ ☐ ☐

㉳ ☐ ☐ 터

㉴ 용 돈 ☐ ☐

㉵ 금 융 ☐ ☐

3 비슷한 말 반대말 알기

다음에서 비슷한 뜻끼리 짝지어진 것에는 '='로, 반대의 뜻끼리 짝지어진 것에는 '↔'로 나타내거나, 부호에 알맞게 어휘를 채워 보세요.

문제 개수 6개

화면	=	(가)
예산서	↔	(나)
액수	(다)	금액

수입	(라)	지출
대출	(마)	빌림
예금주	(바)	예금자

1 큰 말 작은 말 알기

어휘의 포함 관계에 따라 '<', 또는 '>'로 나타내고, 그림의 위치에 알맞게 어휘를 넣어 보세요.

문제 개수 9개

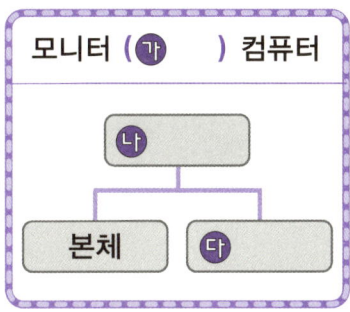

모니터 (가) 컴퓨터
나
본체 다

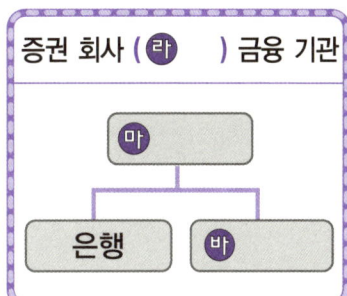

증권 회사 (라) 금융 기관
마
은행 바

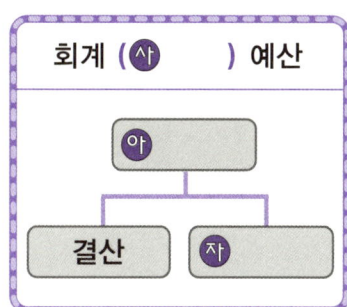

회계 (사) 예산
아
결산 자

관용어 알기

짝을 이루는 말을 찾아 동그라미 하고, 그 말의 뜻을 보기에서 찾아 번호를 쓰세요.

문제 개수 4개

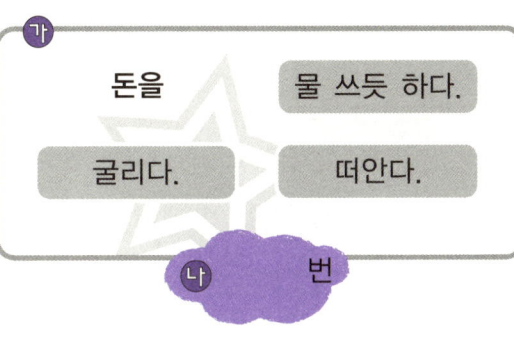

가
돈을 물 쓰듯 하다.
굴리다. 떠안다.
(나) 번

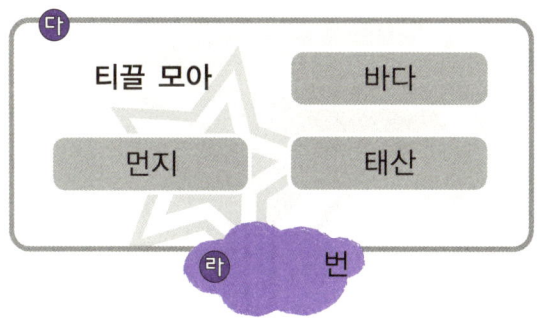

다
티끌 모아 바다
먼지 태산
(라) 번

보기
① 얻어들어서 아는 것이 많음.
② 작은 것이라도 모이고 모이면 나중에 큰 덩어리가 됨.
③ 돈을 여기저기 빌려 주어 이익을 늘림.

6 어휘 활용하기

다음 ㉮~㉱의 ( )에 알맞은 어휘를 보기 에서 찾아 번호를 쓰고, ㉲의 질문에 답해 보세요.

문제 개수 5개
맞은 개수 ___ 개
틀린 개수 ___ 개

㉮ 집을 사기 위해 우리 가족은 은행에서 ( )을/를 받았다.
㉯ 집에 불이 났지만 다행히 ( )에 들어 두어서 보상받을 수 있었다.
㉰ 나는 궁금한 것이 있으면 ( )(으)로 검색하길 좋아한다.
㉱ 같은 ( )의 돈이라도 소비 습관에 따라 저축하는 양이 달라진다.
㉲ '티끌 모아 태산'을 넣어 짧은 글을 지어 보세요.
→ _____

보기
① 컴퓨터 ② 용돈기입장 ③ 하드웨어 ④ 보험 ⑤ 증권
⑥ 대출   ⑦ 이자   ⑧ 예금주   ⑨ 지출 ⑩ 액수

총 문제 개수 32 개 | 총 맞은 개수 ___ 개 | 총 틀린 개수 ___ 개

좋은 습관 다지는 72

잘 놀아야 키가 잘 자라요!

키가 크려면 잘 노는 것도 중요해요. 논다고 해서 시간을 대강 보내도 된다는 말은 아니에요. 아주 활기차고 즐겁게 할 수 있는 놀이를 해야 해요. 밖에서 할 수 있는 놀이면 더욱 좋겠지요.

조심해야 할 점은 너무 심하게 몸을 움직이면, 오히려 식욕이 떨어지고 피로가 쌓여서 키가 덜 자랄 수도 있다는 것입니다. 자신에게 알맞은 놀이를 찾아서 알맞은 정도로 하는 것이 가장 중요합니다. 우리 몸이 원하는 것이 어떤 움직임인지 느끼면서, 매일 매일 즐겁게 뛰어 놉시다.

도전 시간	걸린 시간
00 분 30 초	분 초

창의사고력 기초 다지기 판단능력

○와 △ 속에는 '가~하'와 '1~13'이 들어 있습니다. '가→1→나→2→……'의 순서대로 찾아 번호를 매기세요.

1. 가로세로 어휘 찾기

다음 네모에서 알고 있는 어휘를 찾아 동그라미를 해 보세요.

여기서 찾은 어휘로 2~6번 문제를 풀어요!

제	천	행	사	신	라	건	국	도	읍
8	골	순	왕	위	만	시	녀	★	식
조	품	장	검	가	온	조	태	자	민
법	제	★	성	문	★	백	제	★	지
노	비	인	질	★	자	명	고	구	려

내가 찾은 어휘 ___ 개

2. 어휘 뜻 알기

다음 설명이나 그림이 뜻하는 어휘가 무엇인지 빈칸을 채워 보세요.

문제 개수 8개
맞은 개수 ___ 개
틀린 개수 ___ 개

- 가) 지배층이 죽었을 때 강제로 혹은 자진하여 산 사람을 함께 묻던 일 ········ ☐☐
- 나) 나라가 세워짐. 또는 나라를 세움. ········ ☐☐
- 다) 그 나라의 수도, 서울 ········ ☐☐
- 라) 백성들이 하늘에 제사를 지내고 춤과 노래와 술을 즐기던 행사 ········ ☐☐ 행 사
- 마) 고조선의 도읍지 ········ ☐ 성

바) ☐☐☐

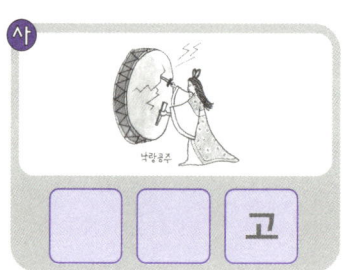
사) ☐☐ 고

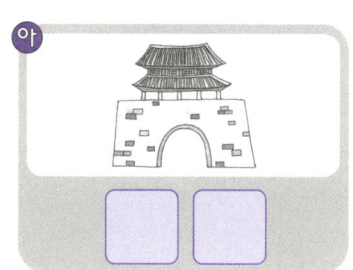
아) ☐☐

비슷한 말 반대말 알기

다음에서 비슷한 뜻끼리 짝지어진 것에는 '='로, 반대의 뜻끼리 짝지어진 것에는 '↔'로 나타내거나, 부호에 알맞게 어휘를 채워 보세요.

수도	=	(가)
가문	(나)	집안
노비	(다)	상전

시녀	(라)	하녀
건국	(마)	망국
인질	(바)	볼모

큰 말 작은 말 알기

어휘의 포함 관계에 따라 '<', 또는 '>'로 나타내고, 그림의 위치에 알맞게 어휘를 넣어 보세요.

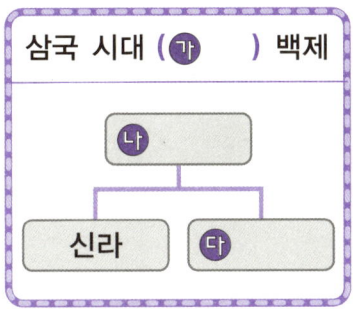
삼국 시대 (가) 백제
나 / 신라, 다

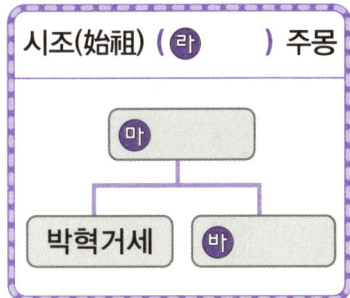
시조(始祖) (라) 주몽
마 / 박혁거세, 바

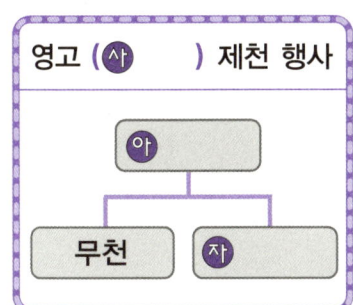
영고 (사) 제천 행사
아 / 무천, 자

관용어 알기

짝을 이루는 말을 찾아 동그라미 하고, 그 말의 뜻을 보기 에서 찾아 번호를 쓰세요.

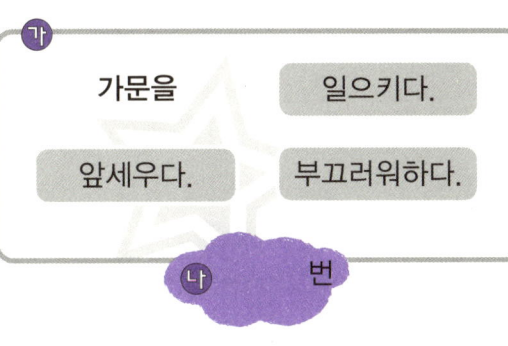
(가) 가문을 — 일으키다. / 앞세우다. / 부끄러워하다.
(나) 번

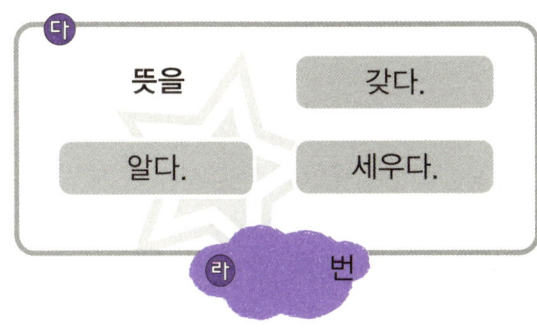
(다) 뜻을 — 갖다. / 알다. / 세우다.
(라) 번

보기
① 출세하여 집안의 곳곳을 잘되게 함.
② 상전이 하인을 심하게 부림.
③ 장래의 목표를 마음에 품고 결심함.

6 어휘 활용하기

다음 가~라의 ( )에 알맞은 어휘를 보기에서 찾아 번호를 쓰고, 마의 질문에 답해 보세요.

문제 개수 5개
맞은 개수 ( )개
틀린 개수 ( )개

가) 전쟁 후 많은 ( )이/가 적국으로 잡혀갔다.

나) 고구려의 장수왕은 ( )을/를 국내성에서 평양성으로 옮겼다.

다) 예부터 우리 조상들은 농사가 끝나면 제사와 축제를 겸한 ( )을/를 하였다.

라) ( )은/는 죽은 후에 또 다른 세상이 있다는 믿음 때문에 생겼다.

마) '뜻을 세우다.'를 넣어 짧은 글을 지어 보세요.

→ _____

보기
① 도읍 ② 시녀 ③ 가문 ④ 인질 ⑤ 고구려
⑥ 백제 ⑦ 신라 ⑧ 성문 ⑨ 제천 행사 ⑩ 순장

총 문제 개수 32개 | 총 맞은 개수 ( )개 | 총 틀린 개수 ( )개

좋은 습관 다지는 - 어떻게, 얼마나 자야 할까?

잠은 우리 몸을 건강하게 지키는 가장 중요한 기초라고 할 수 있습니다. 잠은 밤에 자는 것이 좋아요. 특히, 밤 11시부터 새벽 3시 사이엔 푹 자야 합니다. 이때 잠을 자야 키도 쑥쑥 크고 피부도 고와져요. 자기 전에 가볍게 샤워를 하거나 발을 따뜻한 물에 담가 마사지를 하면 잠을 푹 자는 데 도움이 됩니다. 또 잘 자기 위해서는 어둡고 조용하며 안정된 공간이 필요합니다. 너무 밝은 곳, 너무 시끄러운 곳, 너무 추운 곳, 너무 더운 곳은 깊게 잠자기에 좋지 않습니다. 또한 잠자리에 누워서 말을 하거나 책을 보거나 간식을 먹는 것도 좋지 않습니다.

사람마다 다르긴 하지만 보통 6시간에서 7시간 정도 자는 것이 좋습니다. 적어도 4시간 이상은 자야 합니다. 이때에도 밤 11시부터 새벽 3시까지는 자야 다음날 활기차게 활동할 수 있습니다.

19회 머리 풀어주는 퍼즐

창의사고력 기초 다지기 정보처리능력

도전 시간 00분 15초
걸린 시간   분   초

다음 중 세 번째로 큰 수를 찾아 동그라미 하세요.

72÷8
89
275
34.05
백사십육
13×4
55
1043
7/14
32×2
38
사백구십칠
2/30
25.75
1542
육백십칠
이백남십사
56÷7

낱말이 쏙 생각이 쑥

도전시간 7분 30초 / 걸린시간 분 초

1 가로세로 어휘 찾기

다음 네모에서 알고 있는 어휘를 찾아 동그라미를 해 보세요.

여기서 찾은 어휘로 2~6번 문제를 풀어요!

여	물	다	돌	연	변	이	비	침	공
★	억	지	옷	자	락	★	린	출	강
걱	정	거	리	귓	인	향	내	발	요
씨	대	반	딧	불	연	본	성	점	★
눈	상	부	담	★	새	끼	줄	유	래

내가 찾은 어휘 ○ 개

2 어휘 뜻 알기

문제 개수 8개
맞은 개수 ○ 개
틀린 개수 ○ 개

다음 설명이나 그림이 뜻하는 어휘가 무엇인지 빈칸을 채워 보세요.

- 가) 과실이나 곡식 따위가 알이 들어 딴딴하게 잘 익다. ······ ☐ ☐ 다
- 나) 걱정이 되는 조건이나 일 ······ ☐ ☐ 거 리
- 다) 사람이나 사물이 본디부터 가진 성질 ······ ☐ ☐
- 라) 사물이나 일이 생겨남. 또는 그 사물이나 일이 생겨난 바 ······ ☐ ☐
- 마) 억지로 또는 강제로 요구함. ······ ☐ ☐

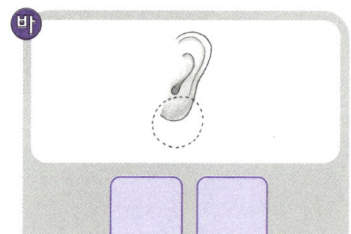
바)

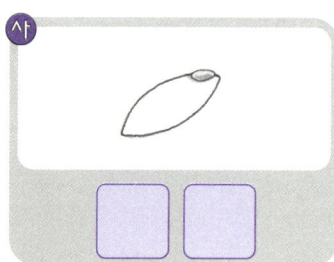
사)

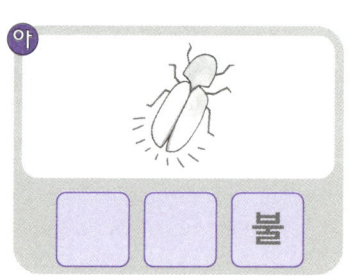
아) ☐ ☐ 불

86

비슷한 말 반대말 알기

다음에서 비슷한 뜻끼리 짝지어진 것에는 '='로, 반대의 뜻끼리 짝지어진 것에는 '↔'로 나타내거나, 부호에 알맞게 어휘를 채워 보세요.

문제 개수 6개

여물다	(가)	영글다
출발점	(나)	도착점
유래	(다)	내력

침공	(라)	침략
걱정거리	(마)	근심거리
(바)	=	생떼

큰 말 작은 말 알기

어휘의 포함 관계에 따라 '<', 또는 '>'로 나타내고, 그림의 위치에 알맞게 어휘를 넣어 보세요.

문제 개수 9개

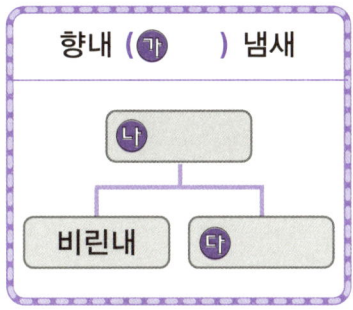
향내 (가) 냄새
나
비린내 / 다

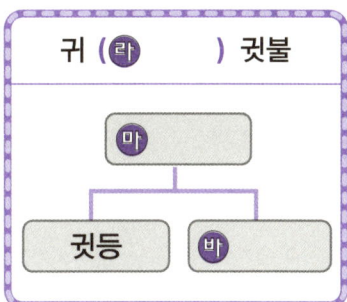
귀 (라) 귓불
마
귓등 / 바

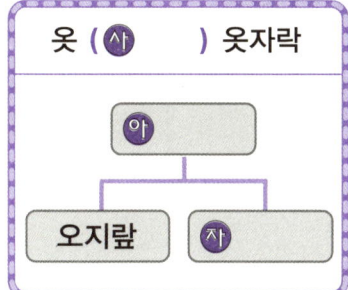
옷 (사) 옷자락
아
오지랖 / 자

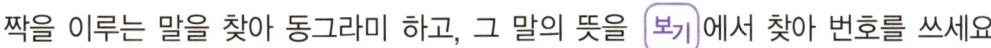

관용어 알기

짝을 이루는 말을 찾아 동그라미 하고, 그 말의 뜻을 보기 에서 찾아 번호를 쓰세요.

문제 개수 4개

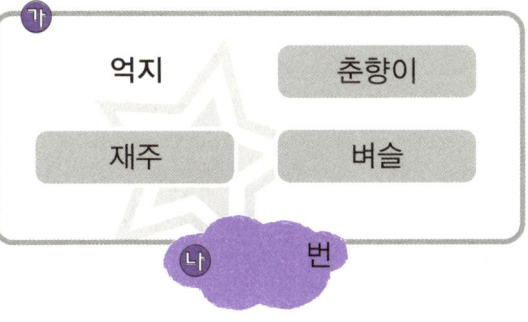
(가) 억지 / 춘향이 / 재주 / 벼슬
(나) 번

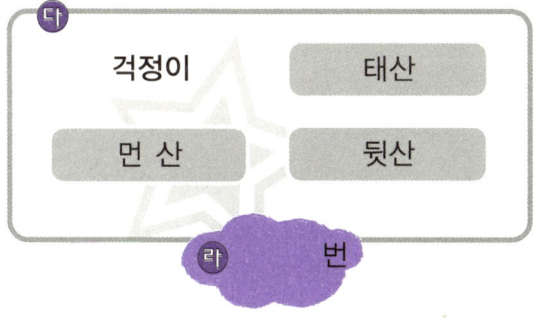
(다) 걱정이 / 태산 / 먼 산 / 뒷산
(라) 번

보기
① 정신적으로나 육체적으로 성숙하지 못한 태도나 기색이 보임.
② 억지로 어떤 일을 이루게 함.
③ 해결해야 할 일이 너무 많거나 복잡해 걱정이 많음.

6 어휘 활용하기

다음 가~라의 ( )에 알맞은 어휘를 보기에서 찾아 번호를 쓰고, 마의 질문에 답해 보세요.

가 별로 우습지 않은 짝의 말에 나는 (　　　) 웃음을 지었다.
나 엄마는 무슨 (　　　)이/가 있는지 어두운 표정으로 말없이 앉아 계셨다.
다 신부의 얼굴에 찍는 연지곤지는 몽고의 풍습에서 (　　　)되었다.
라 옥수수가 먹기 좋게 (　　　).
마 '걱정이 태산'을 넣어 짧은 글을 지어 보세요.

→ _____

보기
① 반딧불 ② 새끼줄 ③ 여물었다 ④ 걱정거리 ⑤ 본성
⑥ 유래   ⑦ 인연   ⑧ 강요   ⑨ 억지   ⑩ 부담

총 문제 개수 32 개 | 총 맞은 개수 　 개 | 총 틀린 개수 　 개

상식 쑥쑥 키우는 - 나에게 맞는 우유 고르기

나에게 가장 필요한 우유를 한번 골라 보세요. 제일 많이 볼 수 있는 흰 우유는 무려 114가지의 영양소가 들어 있는 식품입니다. 다른 우유에 비해 칼슘 흡수율이 뛰어나서 뼈에 칼슘을 공급하는 데 가장 좋습니다. 다만, 소화 능력이 좋지 않은 어린이들은 배탈이 날 수도 있으니 조심해야 해요. 저지방 우유는 우유 속에 있는 지방을 줄인 우유입니다. 그래서 다이어트를 하는 사람에게 적당합니다. 칼슘 우유는 흰 우유보다 칼슘을 2배 이상 많이 함유하고 있습니다. 또 칼슘의 흡수를 돕는 물질도 들어 있어서 성장기 어린이나 임산부에게 적당합니다. 마지막으로 DHA 우유는 뇌세포 성분인 DHA가 들어 있는 우유입니다. 또 뇌에 도움을 주는 비타민도 들어 있어서 뇌의 활동을 돕습니다. 그래서 공부를 하는 어린이들과 청소년이 마시면 좋습니다.

머리 풀어주는 퍼즐

창의사고력 기초 다지기 계산능력 쑥~

도전 시간 00분 20초 | 걸린 시간 분 초

사다리를 타고 내려가면서, 같은 도형 속의 숫자가 나올 수 있도록 +, −, ×를 이용하여 빈칸을 채워 보세요.(단, 자연수만 이용합니다.)

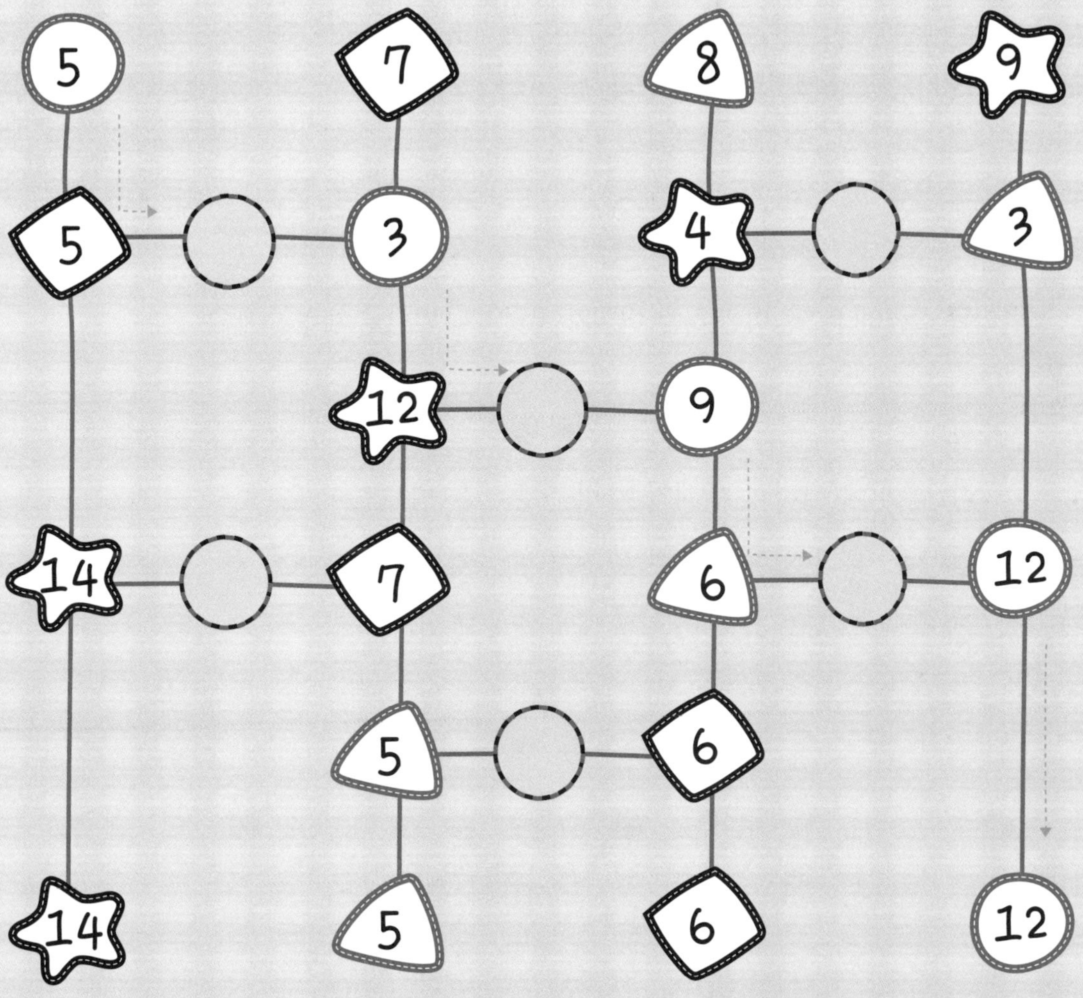

도전시간 8 분 50 초   걸린시간 분 초

1 가로세로 어휘 찾기

다음 네모에서 알고 있는 어휘를 찾아 동그라미를 해 보세요.

여기서 찾은 어휘로 2~6번 문제를 풀어요!

수	입	통	조	림	첨	식	무	공	해
출	선	박	분	야	단	수	개	정	노
부	품	기	술	중	산	환	최	보	사
항	공	기	경	공	업	경	★	관	협
만	재	래	공	업	기	계	화	세	력

내가 찾은 어휘 ___ 개

2 어휘 뜻 알기

다음 설명이나 그림이 뜻하는 어휘가 무엇인지 빈칸을 채워 보세요.

문제 개수 8개
맞은 개수 ___ 개
틀린 개수 ___ 개

- 가) 국내의 상품이나 기술을 외국으로 팔아 내보냄. ········ ☐☐
- 나) 부피에 비하여 무게가 가벼운 물건을 만드는 공업 ······ ☐☐업
- 다) 예전부터 있어 전하여 내려오는 공업 ············ ☐☐공업
- 라) 세관을 통과하는 화물에 대하여 부과되는 세금 ········ ☐☐
- 마) 노동자와 사용자가 서로 협력하여 도움. ··········· ☐☐협력

☐☐☐

☐박

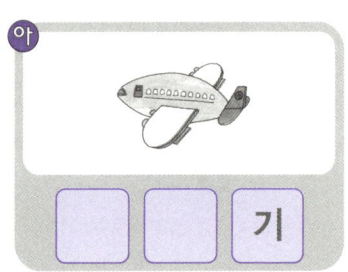
☐☐기

3 비슷한 말 반대말 알기

다음에서 비슷한 뜻끼리 짝지어진 것에는 '='로, 반대의 뜻끼리 짝지어진 것에는 '↔'로 나타내거나, 부호에 알맞게 어휘를 채워 보세요.

문제 개수 6개

수출	↔	(가)
선박	(나)	배
재래 공업	(다)	첨단 산업

항공기	(라)	비행기
노사 협력	(마)	노사 화합
통조림	(바)	캔

1 큰 말 작은 말 알기

어휘의 포함 관계에 따라 '<', 또는 '>'로 나타내고, 그림의 위치에 알맞게 어휘를 넣어 보세요.

문제 개수 9개

수입 (가   ) 무역

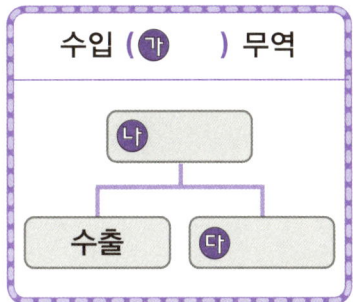

이동 통신 (라   ) 첨단 산업

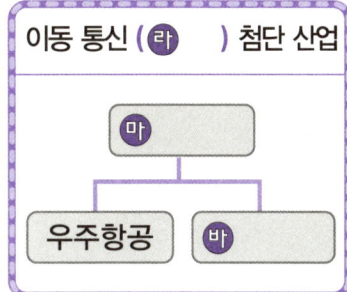

조선업 (사   ) 중공업

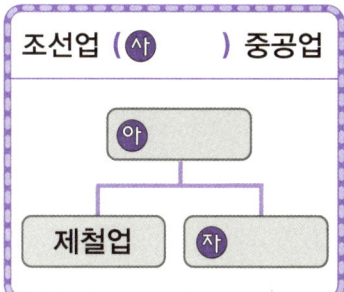

5 관용어 알기

짝을 이루는 말을 찾아 동그라미 하고, 그 말의 뜻을 보기에서 찾아 번호를 쓰세요.

문제 개수 4개

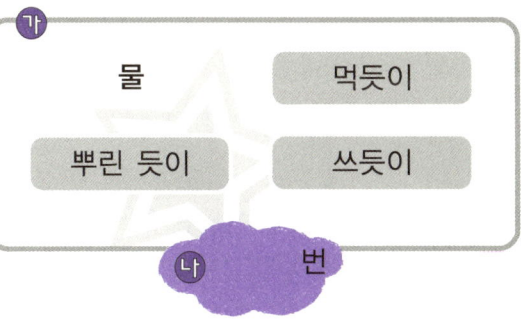

(나) 번

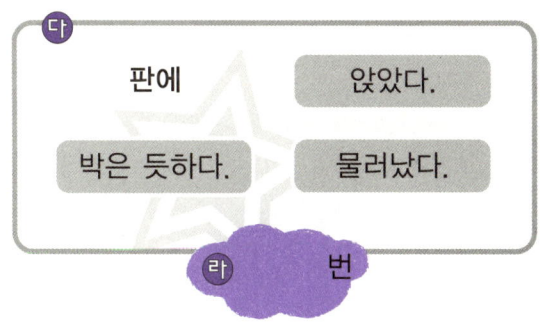

(라) 번

보기
① 많은 사람들이 갑자기 조용해지거나 숙연해지는 모양
② 무슨 일을 시원스럽게 해치움.
③ 사물의 모양이 같거나 똑같은 일이 되풀이됨.

91

6 어휘 활용하기

다음 가~라의 ( )에 알맞은 어휘를 보기에서 찾아 번호를 쓰고, 마의 질문에 답해 보세요.

문제 개수 5개

맞은 개수 ___개
틀린 개수 ___개

> 가 우리는 ( ) 음식을 통해 계절과 상관없이 다양한 음식을 즐긴다.
> 나 섬유나 가발 등을 만드는 일인 ( )은/는 최근 중국에서 많이 이루어지고 있다.
> 다 조선업은 ( )을/를 만들어 세계로 수출하는 산업이다.
> 라 우리나라는 경공업에서 벗어나 반도체 등 ( ) 중심으로 바뀌고 있다.
> 마 '수입'과 '수출'을 넣어 짧은 글을 지어 보세요.
> →

보기
① 선박 ② 항공기 ③ 수출 ④ 중공업 ⑤ 경공업
⑥ 노사 협력 ⑦ 통조림 ⑧ 재래 공업 ⑨ 첨단 산업 ⑩ 부품

총 문제 개수 32개 | 총 맞은 개수 ___개 | 총 틀린 개수 ___개

상식 쑥쑥 키우는 감기야, 잘 가!

머리는 지끈지끈, 코도 훌쩍, 열이 펄펄, 기침은 콜록콜록! 계절이 바뀔 때마다 어김없이 찾아오는 감기, 어떻게 하면 물리칠 수 있을까요?

우선 집안의 온도와 습도에 신경 써야 합니다. 적당한 실내 온도는 18~22℃ 정도이고, 습도는 50~60%라고 합니다. 그리고 감기에 걸렸을 때에는 물을 자주 마셔야 합니다. 감기에 걸려 열이 나면 몸에서 많은 수분을 필요로 하기 때문입니다. 하루 7~8잔 정도의 물을 마시면 끈끈한 가래가 쉽게 배출되고 열이 내리는 효과를 얻을 수 있습니다. 또한 하루 8번 이상 손을 씻는 것이 중요합니다. 하루에 8번 이상 흐르는 물에 비누칠을 하여 30초 이상 씻어야 효과가 있습니다. 이 밖에도 감기에 걸리면 땀을 많이 흘려 수분, 염분, 비타민 C가 소모됩니다. 이럴 때에는 신선한 과일과 채소를 먹어 보충하는 것이 좋습니다.

머리 풀어주는 퍼즐

도전 시간	걸린 시간
00 분 15 초	분 초

창의사고력 기초 다지기 주의집중력 쑥~

왼쪽과 오른쪽 그림들을 비교하여, 같은 그림이면 ○, 다른 그림이면 ×를 하세요.

도전시간 8 분 50 초 걸린시간   분   초

1 가로세로 어휘 찾기

다음 네모에서 알고 있는 어휘를 찾아 동그라미를 해 보세요.

여기서 찾은 어휘로 2~6번 문제를 풀어요!

화	산	용	암	토	양	석	회	★	산
지	활	화	산	★	화	성	암	화	성
표	사	마	그	마	강	온	전	학	비
면	화	★	현	무	암	천	동	비	병
화	산	탄	주	상	절	리	기	료	열

내가 찾은 어휘   개

2 어휘 뜻 알기

문제 개수 8개
맞은 개수   개
틀린 개수   개

다음 설명이나 그림이 뜻하는 어휘가 무엇인지 빈칸을 채워 보세요.

㉮ 땅속 깊은 곳에서 지열(地熱)로 녹아 반액체로 된 물질 ···· ☐ ☐ 마

㉯ 용암이 지름 32mm 이상의 원형이나 타원형으로 굳어진 덩어리 · ☐ ☐ 탄

㉰ 마그마가 응고하여 생기는, 다각형 기둥 모양의 금 ·· ☐ 상 ☐ 리

㉱ 전기 에너지로부터 회전력을 얻는 기계 ············· ☐ ☐

㉲ 검은색이나 검은 회색을 띠고 기둥 모양인 것이 많은 화산암의 하나 ········ ☐ ☐ 암

㉳  ☐ ☐

㉴ 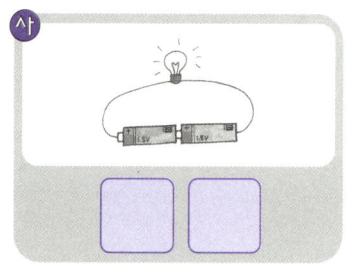 ☐ ☐

㉵ 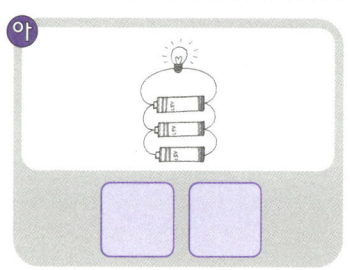 ☐ ☐

다음에서 비슷한 뜻끼리 짝지어진 것에는 '='로, 반대의 뜻끼리 짝지어진 것에는 '↔'로 나타내거나, 부호에 알맞게 어휘를 채워 보세요.

마그마	=	(가)
사화산	(나)	활화산
직렬	↔	(다)

전동기	(라)	수동기
(마)	=	흙
온천	(바)	냉천

어휘의 포함 관계에 따라 '<', 또는 '>'로 나타내고, 그림의 위치에 알맞게 어휘를 넣어 보세요.

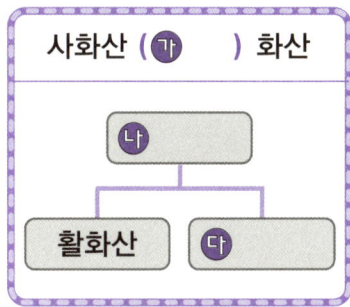
사화산 (가   ) 화산

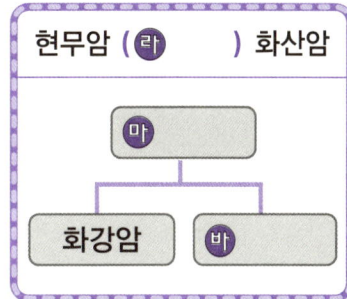
현무암 (라   ) 화산암

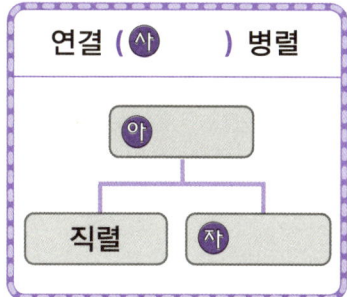
연결 (사   ) 병렬

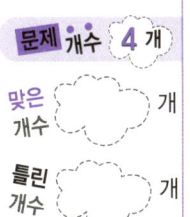

짝을 이루는 말을 찾아 동그라미 하고, 그 말의 뜻을 보기 에서 찾아 번호를 쓰세요.

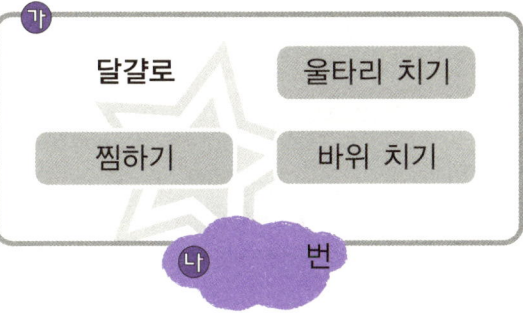

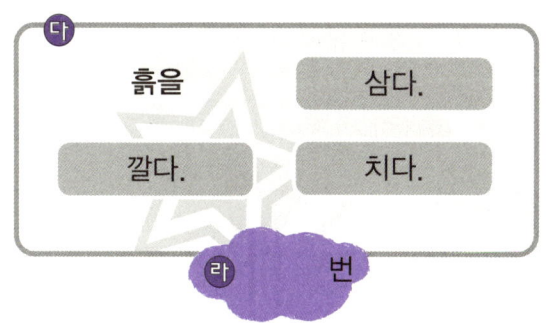

보기
① 대항해도 도저히 이길 수 없는 경우를 이름.
② 매우 조심하여 다룸.
③ 객토를 논이나 밭에 골고루 폄.

95

6 어휘 활용하기

다음 가~라의 ( )에 알맞은 어휘를 보기에서 찾아 번호를 쓰고, 마의 질문에 답해 보세요.

문제 개수 5개
맞은 개수 ( )개
틀린 개수 ( )개

가. 건전지를 연결하는 방법에는 직렬과 (　　　)이/가 있다.

나. 우리나라의 온양은 (　　　)(으)로 유명한 도시다.

다. (　　　)의 오염을 막기 위해서는 함부로 쓰레기를 묻지 말아야 한다.

라. 요즘 내리는 (　　　)(으)로 많은 유적과 문화재가 부식되고 있다.

마. '달걀로 바위 치기'는 어떤 경우에 쓰이는 말인지 써 보세요.

→ _____

보기
① 마그마　② 화산　③ 활화산　④ 화산탄　⑤ 토양
⑥ 석회　⑦ 산성비　⑧ 병렬　⑨ 지표면　⑩ 온천

총 문제 개수 32개 | 총 맞은 개수 ( )개 | 총 틀린 개수 ( )개

좋은 습관 다지는 72 좋은 친구 만들기

학년이 바뀌어 새로운 친구들을 만나면 우리는 친구들과 친해지기 위해 노력을 하게 됩니다. 그럼, 좋은 친구를 사귀고 싶다면 어떻게 해야 할까요?

그 비결은 바로 여러분 자신이 좋은 친구가 되어 주는 일에서부터 시작합니다. 좋은 친구란 어려울 때나 좋을 때나 늘 같은 모습으로 옆에 있어 주고 힘이 되어 주는 친구입니다. 또, 항상 좋은 말로 칭찬만 하기보다는 친구가 잘못을 저지르면 따끔하게 충고도 해 줄 수 있는 친구입니다. 반대로 친구가 진심 어린 충고를 해 주었을 때는 조금 속이 상하더라도 이를 잘 받아들일 줄 아는 태도를 지닌 친구가 좋은 친구입니다. 이 밖에 친구가 자신에게 해 주었으면 하는 일을 먼저 생각해서 여러분이 그대로 친구들에게 해 준다면 여러분의 주위에는 금세 좋은 친구들이 가득할 것입니다.

머리 풀어주는 퍼즐

도전 시간	걸린 시간
00 분 20 초	분 초

창의사고력 기초 다지기 연상추리력 쏙~

어떤 도면을 이용하면 보기의 주사위 모양이 나올지 ❶~❸에서 골라 보세요.

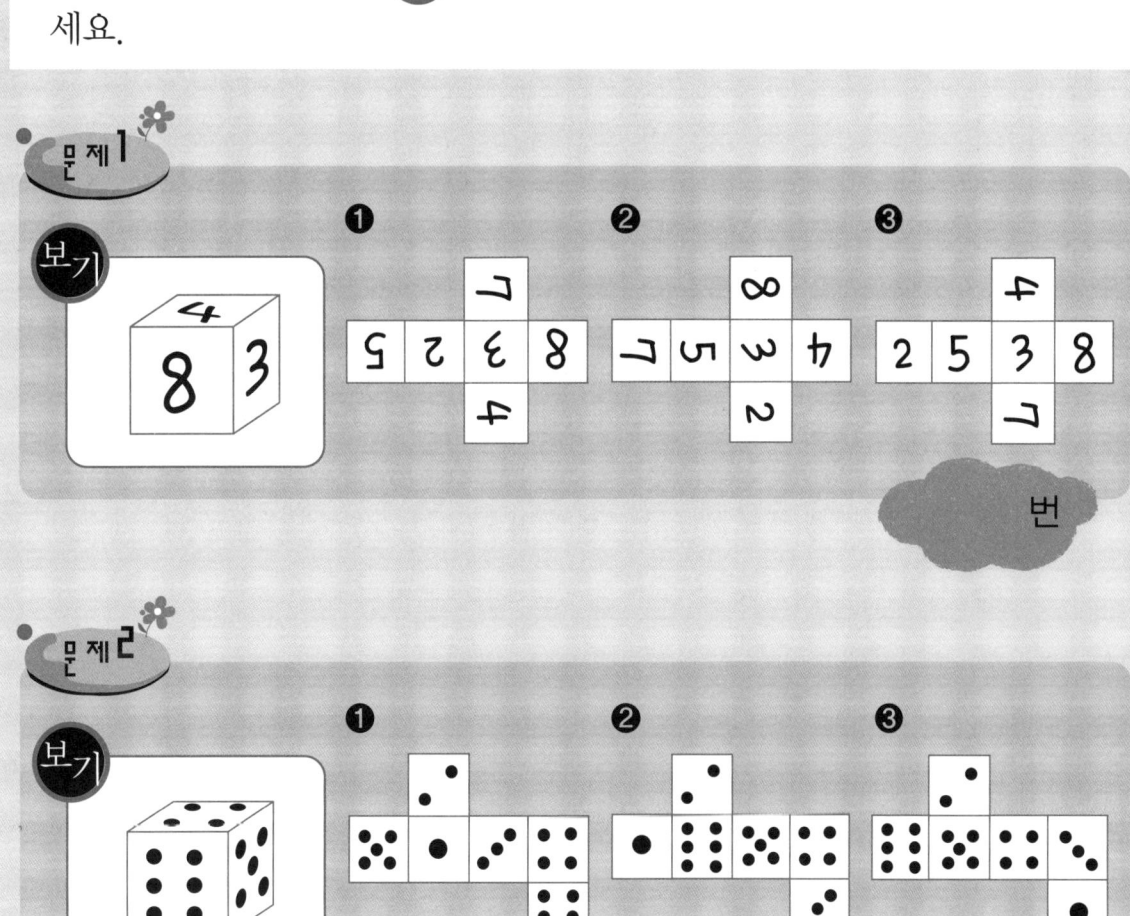

번

번

낱말이 쏙 생각이 쑥

도전시간 8분 40초 / 걸린시간 분 초

1 가로세로 어휘 찾기

다음 네모에서 알고 있는 어휘를 찾아 동그라미를 해 보세요.

여기서 찾은 어휘로 2~6번 문제를 풀어요!

님	비	현	상	권	리	양	성	차	별
핌	거	절	★	익	요	구	다	수	결
피	눈	두	레	폭	력	물	무	분	별
현	시	따	돌	림	개	인	정	보	★
상	울	품	앗	이	다	양	성	특	허

내가 찾은 어휘 ___ 개

2 어휘 뜻 알기

다음 설명이나 그림이 뜻하는 어휘가 무엇인지 빈칸을 채워 보세요.

문제 개수 8개
맞은 개수 ___ 개
틀린 개수 ___ 개

㉮ 힘드는 일을 서로 거들어 주면서 품을 지고 갚고 하는 일 ···
㉯ 어떤 일을 하거나 요구할 수 있는 힘이나 자격 ········
㉰ 농번기에 농사일을 공동으로 하기 위해 만든 조직 ········
㉱ 모양, 빛깔, 형태, 양식 따위가 여러 가지로 많은 특성 ··· [ ][성]
㉲ 특정인에 대하여 일정한 권리, 능력을 주는 행정 행위 ·······

[ ][현][상]

[ ][수][ ]

[ ][ ][림]

98

다음에서 비슷한 뜻끼리 짝지어진 것에는 '='로, 반대의 뜻끼리 짝지어진 것에는 '↔'로 나타내거나, 부호에 알맞게 어휘를 채워 보세요.

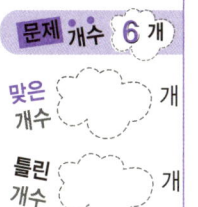

님비 현상	(가)	핌피 현상
무분별	(나)	분별
요구	(다)	요청

따돌림	(라)	어울림
의무	↔	(마)
다양성	(바)	획일성

어휘의 포함 관계에 따라 '<', 또는 '>'로 나타내고, 그림의 위치에 알맞게 어휘를 넣어 보세요.

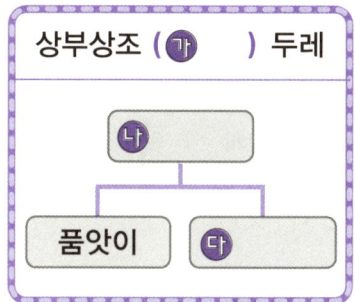
상부상조 (가   ) 두레

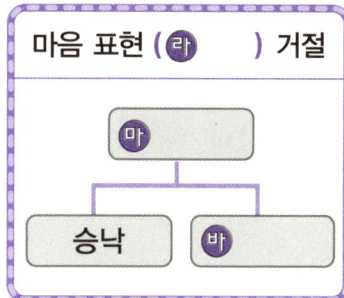
마음 표현 (라   ) 거절

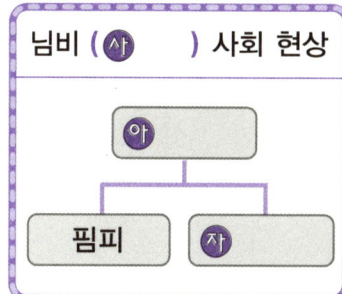
님비 (사   ) 사회 현상

짝을 이루는 말을 찾아 동그라미 하고, 그 말의 뜻을 보기 에서 찾아 번호를 쓰세요.

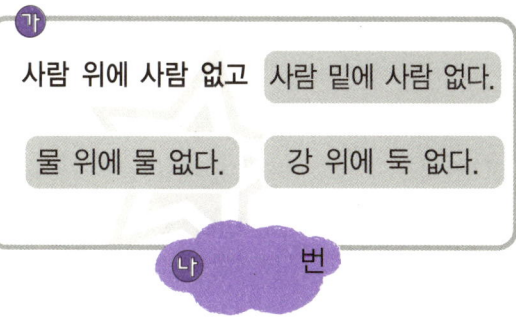

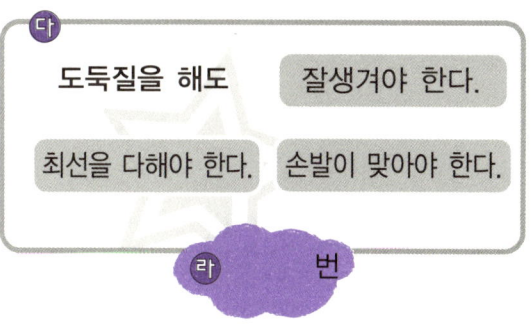

보기
① 사람은 본래 태어날 때부터 권리나 의무가 평등함.
② 무엇이 버릇이 되어 안 하려야 안 할 수 없음.
③ 무슨 일이든지 뜻이 서로 맞아야 함께 할 수 있음.

6 어휘 활용하기

다음 가~라의 ( )에 알맞은 어휘를 보기에서 찾아 번호를 쓰고, 마의 질문에 답해 보세요.

문제 개수 5개
맞은 개수 ◯개
틀린 개수 ◯개

가 세계화 시대, 우리는 서로 다른 문화로 살아 온 (　　　)을/를 인정해야 한다.

나 삼촌은 이번에 발명한 기계로 나라에 (　　　)을/를 신청하셨다.

다 무분별하게 보는 (　　　)이/가 사람의 마음을 잔인하게 만든다.

라 뒷집 일을 해 주고 바쁠 때 뒷집 사람을 불러 일을 청하는 것을 (　　　)(이)라 한다.

마 '따돌림'을 넣어 짧은 글을 지어 보세요.
→ _____

보기
① 양성 차별　② 폭력물　③ 다수결　④ 따돌림　⑤ 님비 현상
⑥ 권리　⑦ 다양성　⑧ 두레　⑨ 특허　⑩ 품앗이

총 문제 개수 32개 ｜ 총 맞은 개수 ◯개 ｜ 총 틀린 개수 ◯개

생각하고 되새기는 72 이웃 사랑을 실천해요!

우리가 잘 알고 있는 이순신 장군은 어린 시절을 매우 가난하게 보냈습니다. 그러나 이순신 장군은 어려운 생활 속에서도 이웃을 위해 가진 것을 다 내어주고 길거리에서 거지를 보면 입고 있던 옷을 벗어 줄 만큼 어려운 이들에게 사랑을 베풀었답니다. 또 어린이날을 만든 방정환 선생님도 집안 형편이 어려워 매우 가난한 어린 시절을 보냈지만 어려운 사람을 도와주고 이웃을 돕는 일에 앞장섰답니다.

이렇게 많은 위인들은 어려운 환경 속에서도 자신보다 더 어려운 사람에게 사랑을 베풀었습니다. 어떤 사람들은 내 처지가 어려운데 어떻게 다른 이를 돕겠냐고 묻곤 합니다. 그러나 참된 이웃 사랑은 부자라서 남을 돕는 것이 아니라 자신도 넉넉하지 않은 처지에서 조금이라도 더 어려운 이들에게 베푸는 것이랍니다.

머리 풀어주는 퍼즐

도전 시간	걸린 시간
00 분 20 초	분 초

창의사고력 기초 다지기 판단능력 쑥~

○○●●● 가 보기 와 같이 모양 안에 한 번씩만 들어가도록 묶어 보세요.

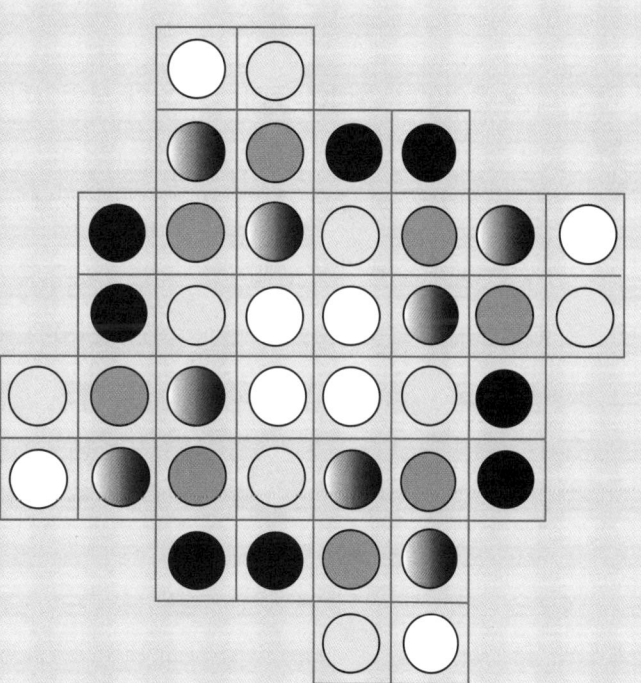

보기

도움말 2묶음으로 나눌 수 있어요!

도움말 8묶음으로 나눌 수 있어요!

1 가로세로 어휘 찾기

다음 네모에서 알고 있는 어휘를 찾아 동그라미를 해 보세요.

도전시간 9분 00초 / 걸린시간 분 초

정	전	증	스	피	커	회	석	유	스
건	압	폭	배	선	넥	로	탄	★	위
전	필	라	멘	트	터	저	항	값	치
지	백	열	전	구	땜	납	플	러	그
형	광	등	트	랜	지	스	터	인	두

여기서 찾은 어휘로 2~6번 문제를 풀어요!

내가 찾은 어휘 개

2 어휘 뜻 알기

다음 설명이나 그림이 뜻하는 어휘가 무엇인지 빈칸을 채워 보세요.

문제 개수 8개
맞은 개수 개
틀린 개수 개

- 가) 전기가 통하는 두 점 사이의 전기적인 위치 에너지 차. 단위는 볼트 · ☐☐
- 나) 라디오 등에서 전압, 전류의 폭을 늘여 감도를 좋게 함. 또는 그 일 ·· ☐☐
- 다) 전기 공급을 위해 전선을 끌어들이거나 전선으로 여러 장치를 연결함. ☐☐
- 라) 전류가 흐르는 통로 ··· ☐☐
- 마) 전기 기구와 코드를 연결해 전기 회로를 구성하기 위한 접속 기구 · 커 ☐☐

바) ☐ ☐ 전 구

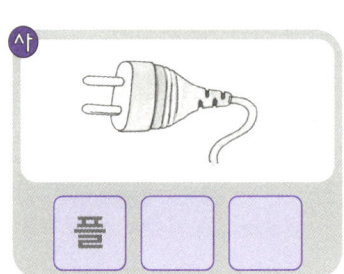

사) 플 ☐ ☐

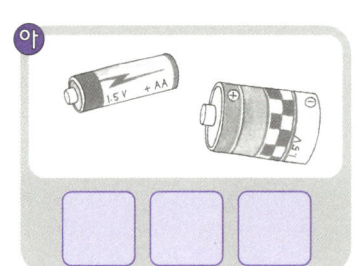

아) ☐ ☐ ☐

102

3. 비슷한 말 반대말 알기

다음에서 비슷한 뜻끼리 짝지어진 것에는 '='로, 반대의 뜻끼리 짝지어진 것에는 '↔'로 나타내거나, 부호에 알맞게 어휘를 채워 보세요.

문제 개수 6개

백열전구	(가)	백열등
(나)	=	꽂개
배선	(다)	배전선

필라멘트	(라)	섬조
인두	(마)	땜인두
(바)	=	확성기

4. 큰 말 작은 말 알기

어휘의 포함 관계에 따라 '<', 또는 '>'로 나타내고, 그림의 위치에 알맞게 어휘를 넣어 보세요.

문제 개수 9개

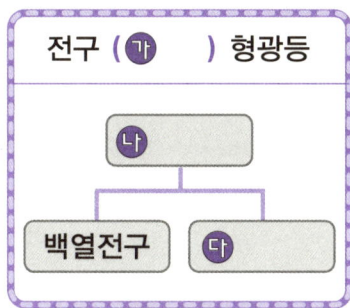
전구 (가   ) 형광등

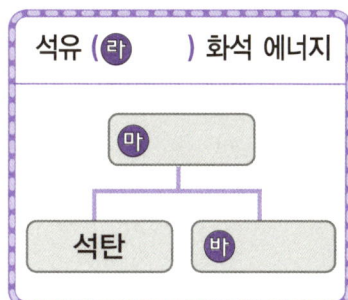
석유 (라   ) 화석 에너지

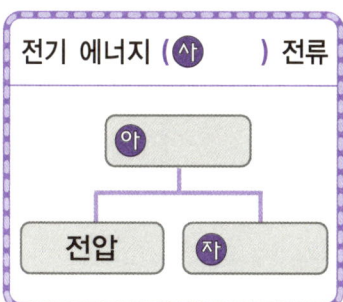
전기 에너지 (사   ) 전류

5. 관용어 알기

짝을 이루는 말을 찾아 동그라미 하고, 그 말의 뜻을 보기 에서 찾아 번호를 쓰세요.

문제 개수 4개

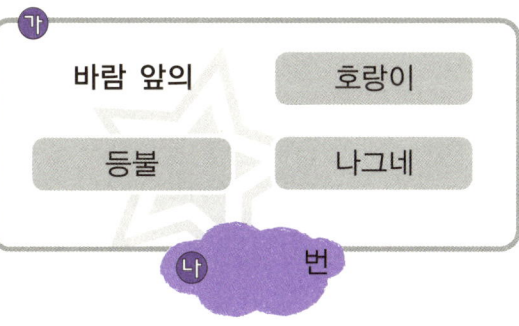
(나)   번

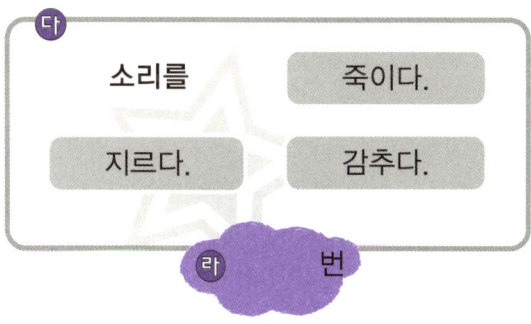
(라)   번

보기
① 소리를 몹시 낮추어 말하거나 소리를 내지 않음.
② 매우 위태로운 처지에 놓여 있음.
③ 사람의 일은 미리 짐작할 수 없음.

6 어휘 활용하기

다음 가~라의 ( )에 알맞은 어휘를 보기에서 찾아 번호를 쓰고, 마의 질문에 답해 보세요.

문제 개수 5개

맞은 개수 ( ) 개
틀린 개수 ( ) 개

가 전기를 아끼기 위해서는 사용하지 않는 (   )은/는 뽑아 두는 것이 좋다.

나 (   )은/는 두 가지가 있는데 예전에 옷을 다리던 것과 전기에서 납땜을 하는 것이다.

다 국제 원유 가격이 올라서 덩달아 우리나라 (   ) 가격도 올랐다.

라 거실은 형광등을 사용하지만 자주 불을 켜는 욕실은 (   )을/를 쓴다.

마 '소리를 죽이다.'를 넣어 짧은 글을 지어 보세요.
→ _____

보기
① 백열전구 ② 형광등 ③ 플러그 ④ 건전지 ⑤ 회로
⑥ 배선 ⑦ 증폭 ⑧ 커넥터 ⑨ 석유 ⑩ 인두

총 문제 개수 (32)개 | 총 맞은 개수 ( )개 | 총 틀린 개수 ( )개

좋은 습관 다지는 글 — 급할수록 돌아가라

'급할수록 돌아가라.'라는 말이 있습니다. 아니, 바쁠수록 돌아가지 말고 곧장 가야 하는 게 아닐까요? 왜 돌아가라고 하는 것일까요? 우리는 급한 일이 생기거나 일을 빨리 해결해야 할 경우가 생기면 평소보다 마음이 다급해져 실수를 하곤 합니다. 일을 빨리 해야 한다는 생각에 서둘러서 실수를 하게 되는 거지요.

비슷한 말로 '돌다리도 두들겨 보고 건너라.'라는 말이 있습니다. 항상 하던 일, 잘 알고 있던 일도 다시 한번 확인하고 차근차근 행하라는 뜻입니다. 급한 상황일수록 잘 알고 있는 일도 다시 한번 꼼꼼이 확인하고 일을 한다면 실수를 많이 줄일 수 있을것입니다.

24회 머리 풀어주는 퍼즐

창의사고력 기초 다지기 정보처리능력 쑥~

도전 시간 00분 40초 / 걸린 시간 분 초

다음 그림에서 보기와 같은 그림 모음을 찾아 동그라미로 묶어 보세요.

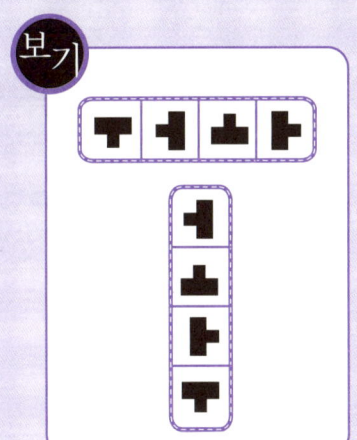

도전시간 8 분 20 초 | 걸린시간 분 초

1 가로세로 어휘 찾기

다음 네모에서 알고 있는 어휘를 찾아 동그라미를 해 보세요.

여기서 찾은 어휘로 2~6번 문제를 풀어요!

요	동	항	산	동	반	도	정	★	칼
서	굴	복	전	아	벼	슬	통	폭	잡
태	수	군	쟁	시	권	충	성	군	이
봉	황	건	적	아	력	★	별	궁	★
기	★	포	로	나	랏	일	독	재	상

내가 찾은 어휘 ⬤ 개

2 어휘 뜻 알기

다음 설명이나 그림이 뜻하는 어휘가 무엇인지 빈칸을 채워 보세요.

문제 개수 8 개
맞은 개수 ⬤ 개
틀린 개수 ⬤ 개

- ㉮ 관아에 나가서 나랏일을 맡아 다스리는 자리. 또는 그런 일 ⋯ ☐☐
- ㉯ 사납고 악한 임금 ⋯ ☐☐
- ㉰ 모든 권력을 차지하여 모든 일을 독단으로 처리함. ⋯ ☐☐
- ㉱ 중국 후한 말기의 도적 무리로 모두 머리에 노란 수건을 쓰고 있었음. ⋯ ☐ 건 ☐
- ㉲ 남을 지배하여 강제로 복종시키는 힘 ⋯ ☐☐

㉳
☐ ☐ 반 도

㉴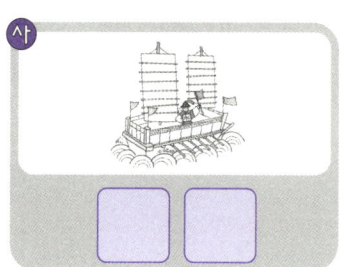
☐ ☐

㉵
☐ ☐

106

비슷한 말 반대말 알기

다음에서 비슷한 뜻끼리 짝지어진 것에는 '=' 로, 반대의 뜻끼리 짝지어진 것에는 '↔'로 나타내거나, 부호에 알맞게 어휘를 채워 보세요.

폭군	↔	(가)
굴복	(나)	항복
수군	(다)	해군

나랏일	(라)	정치
독재	(마)	민주
벼슬	(바)	관직

큰 말 작은 말 알기

어휘의 포함 관계에 따라 '<', 또는 '>'로 나타내고, 그림의 위치에 알맞게 어휘를 넣어 보세요.

동아시아 (가) 한국
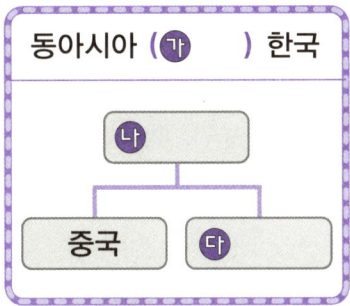

벼슬 (라) 태수
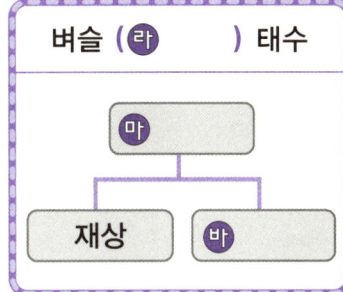

임금 (사) 폭군
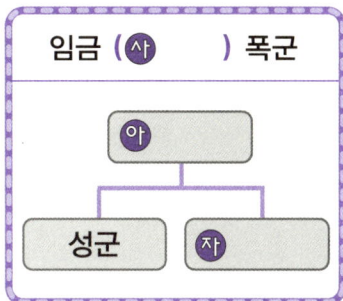

관용어 알기

짝을 이루는 말을 찾아 동그라미 하고, 그 말의 뜻을 보기 에서 찾아 번호를 쓰세요.

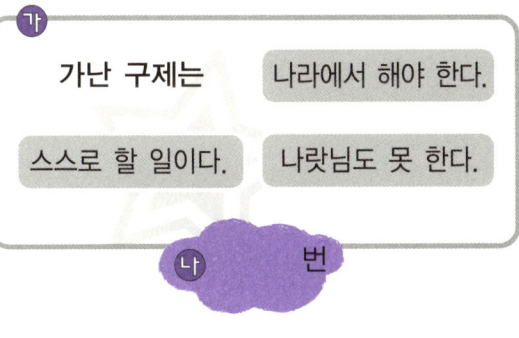

(나) 번

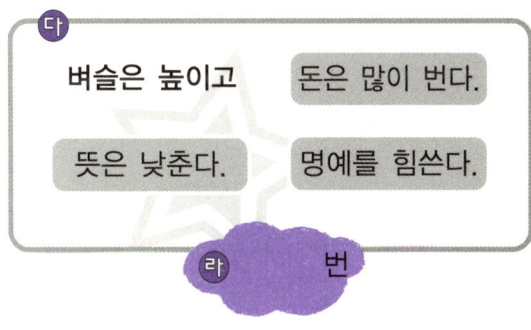

(라) 번

보기
① 지위가 높을수록 겸손하여야 함.
② 살림을 도와주기란 끝이 없어 나라의 힘으로도 구제하지 못함.
③ 나랏님이 편해야 그 밑의 신하들도 마음 편히 지낼 수 있다는 말

6 어휘 활용하기

문제 개수 5개
맞은 개수 ___개
틀린 개수 ___개

다음 가~라의 ( )에 알맞은 어휘를 보기에서 찾아 번호를 쓰고, 마의 질문에 답해 보세요.

- 가 ( )은/는 한국과 중국, 일본을 함께 아우르는 말이다.
- 나 고구려는 철갑기병의 육군은 물론 ( )도 강한 나라였다.
- 다 적의 숫자가 너무 많아 우리 군대는 적에게 ( )해야 했다.
- 라 더 많은 권력을 잡기 위해 그는 더 높은 ( )을/를 원했다.
- 마 '독재'를 넣어 짧은 글을 지어 보세요.
  → _____

보기
① 산동반도 ② 동아시아 ③ 수군 ④ 봉황 ⑤ 벼슬
⑥ 폭군 ⑦ 독재 ⑧ 굴복 ⑨ 봉기 ⑩ 권력

총 문제 개수 32개 | 총 맞은 개수 ___개 | 총 틀린 개수 ___개

좋은 습관 다지는 72 표현의 중요성

우리는 지하철이나 버스 안, 사람이 많이 모이는 공공장소에서 몸을 부딪치거나 손으로 밀치고는 모른 척하고 지나가는 경우를 종종 만나게 됩니다. 이러한 상황에서 "실례하겠습니다." 또는 "미안합니다. 좀 지나가겠습니다."라고 한 마디만 해 줘도 훨씬 좋을 텐데 말이지요.

또 반대로 문을 열고 닫을 때 뒤에 오는 사람이 편하게 지나갈 수 있도록 문을 잡아 준다든지, 엘리베이터 안에서 버튼을 누르고 다른 사람이 타는 것을 기다려 준다든지 하는 경우에 마음속으로는 고맙더라도 감사의 표현은 하지 않는 경우도 많습니다.

말로 표현하는 것은 쑥스럽고 어려운 일이기는 하지만, 우리가 작은 실수에도 사과의 말을, 작은 호의에도 감사의 말을 잊지 않는다면 우리 사회는 웃는 사회가 될 수 있지 않을까요?

25회 머리 풀어주는 퍼즐

도전 시간 00분 20초
걸린 시간 분 초

창의사고력 기초 다지기 계산능력 쏙~

사다리를 타고 내려가면서, 같은 도형 속의 숫자가 나올 수 있도록 +, −, ×를 이용하여 빈칸을 채워 보세요. (단, 자연수만 이용합니다.)

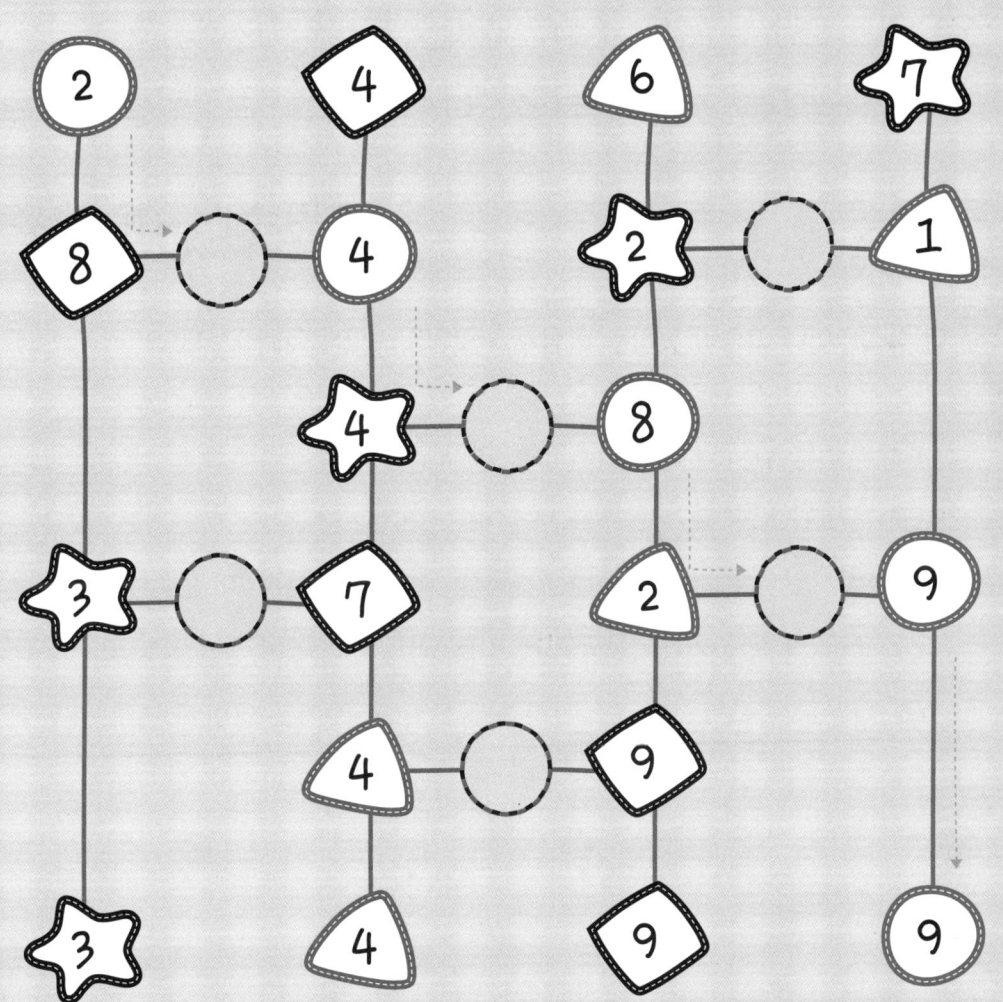

도전시간 8분 20초 / 걸린시간 분 초

1 가로세로 어휘 찾기

다음 네모에서 알고 있는 어휘를 찾아 동그라미를 해 보세요.

여기서 찾은 어휘로 2~6번 문제를 풀어요!

언	론	사	조	물	주	앙	증	스	런
완	고	인	쇄	암	굼	채	비	호	령
주	탁	발	★	자	뜨	공	시	십	★
조	판	함	지	박	다	양	래	장	강
접	목	시	치	미	예	불	기	생	보

내가 찾은 어휘 ___ 개

2 어휘 뜻 알기

문제 개수 8개
맞은 개수 ___ 개
틀린 개수 ___ 개

다음 설명이나 그림이 뜻하는 어휘가 무엇인지 빈칸을 채워 보세요.

㉮ 언론을 담당하는 회사. 신문사, 방송국 따위 ········ ☐ ☐ 사
㉯ 오래된 인쇄법 ·· 고 ☐ ☐
㉰ 어떤 일을 하기 위해 필요한 물건, 자세 따위를 미리 갖추어 차림. ☐ ☐
㉱ 도를 닦는 승이 염불을 외면서 집집마다 다니며 동냥하는 일 ☐ ☐
㉲ 나무를 접붙임. 또는 둘 이상의 다른 현상 따위를 알맞게 조화시킴. ☐ ☐

㉳ 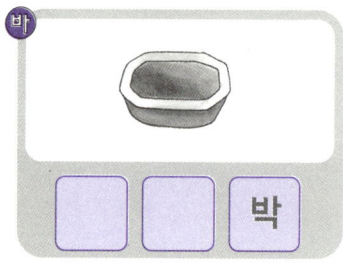 ☐ ☐ 박

㉴  십 ☐ ☐

㉵ 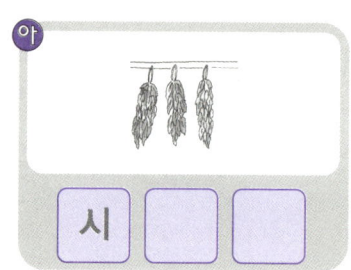 시 ☐ ☐

110

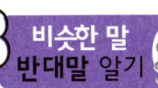

비슷한 말 반대말 알기

다음에서 비슷한 뜻끼리 짝지어진 것에는 '='로, 반대의 뜻끼리 짝지어진 것에는 '↔'로 나타내거나, 부호에 알맞게 어휘를 채워 보세요.

문제 개수 6개

맞은 개수 ○개
틀린 개수 ○개

(가)	=	창조주
채비	(나)	준비
굼뜨다	(다)	재빠르다

강보	(라)	포대기
함지박	(마)	함지
호령	(바)	호통

큰 말 작은 말 알기

어휘의 포함 관계에 따라 '<', 또는 '>'로 나타내고, 그림의 위치에 알맞게 어휘를 넣어 보세요.

문제 개수 9개

맞은 개수 ○개
틀린 개수 ○개

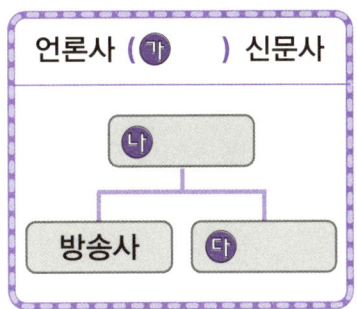
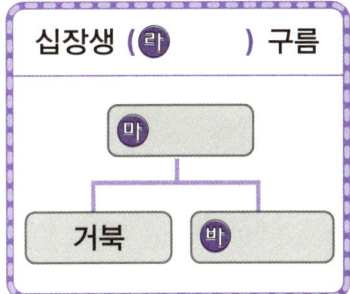
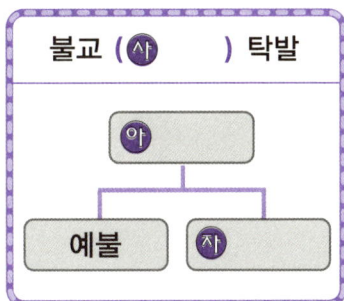

관용어 알기

짝을 이루는 말을 찾아 동그라미 하고, 그 말의 뜻을 보기에서 찾아 번호를 쓰세요.

문제 개수 4개

맞은 개수 ○개
틀린 개수 ○개

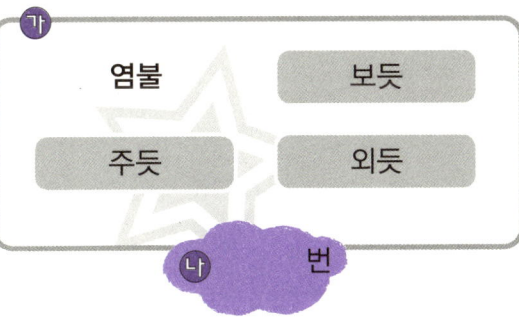
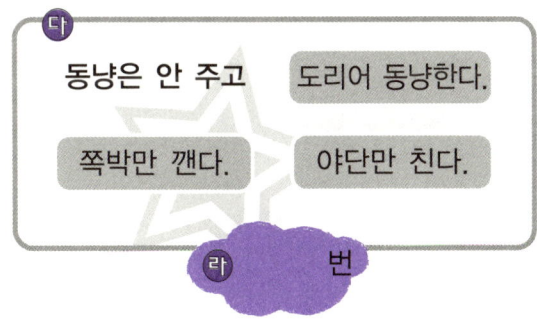

보기
① 하고도 안 한 체하거나 알고 있으면서도 모르는 체함.
② 알아듣지 못할 소리로 중얼거리는 것을 이름.
③ 요구하는 것은 안 주고 도리어 방해만 함.

6 어휘 활용하기

다음 가~라의 ( )에 알맞은 어휘를 보기에서 찾아 번호를 쓰고, 마의 질문에 답해 보세요.

문제 개수 5개
맞은 개수 ___개
틀린 개수 ___개

가 문 밖에서 소리가 들려 나가 보니 (   ) 나온 스님이 서 있었다.

나 선거가 끝나자 각 (   )은/는 선거 결과를 예측 보도하기 시작했다.

다 (   )에는 무병장수를 빌던 조상들의 바람이 담겨 있다.

라 서양의 문화와 우리나라의 문화를 (   )하여 더 발전적인 문화를 만들어 내야 한다.

마 '채비'를 넣어 짧은 글을 지어 보세요.
→ _____

보기
① 시치미 ② 언론사 ③ 십장생 ④ 함지박 ⑤ 굼뜨다
⑥ 강보   ⑦ 고인쇄   ⑧ 채비   ⑨ 탁발   ⑩ 접목

총 문제 개수 32개 | 총 맞은 개수 ___개 | 총 틀린 개수 ___개

공부 습관 다지는 - 나만의 필기 방법

학년이 올라갈수록 공부의 양과 필기해야 할 내용도 많아지게 됩니다. 효과적으로 필기를 하기 위해, 먼저 두꺼운 스프링 공책 한 권을 준비합니다. 그리고 공책을 적당히 갈라 과목별로 사용할 쪽수를 정한 후 색깔 테이프로 구분해 줍니다. 이렇게 한 권의 공책에 필기를 하면 시험 때 정리된 내용을 한눈에 보기 좋습니다. 공책의 맨 앞장에는 수업 시간표를 붙이고 필기를 하기 전에 날짜, 수업의 주제, 교과서의 쪽수를 먼저 쓰고 필기를 시작합니다. 여러 가지 색으로 필기를 하면 나중에 어떤 것이 중요한 것인지 혼란스러울 수 있으므로 몇 가지 색의 펜을 정해 놓고 항상 같은 방식으로 필기를 하는 것이 좋답니다. 예를 들어, 검은색으로 내용을 정리하고 선생님이 중요하다고 말씀하신 부분은 빨간색으로, 잘 이해가 안 되는 부분은 파란색으로 표시하는 방법이 있습니다.

머리 풀어주는 퍼즐

도전 시간	걸린 시간
00분 20초	분 초

창의사고력 기초 다지기 주의집중력 쑥~

다음에서 보기의 그림과 같은 그림을 4개 골라 동그라미 하세요.

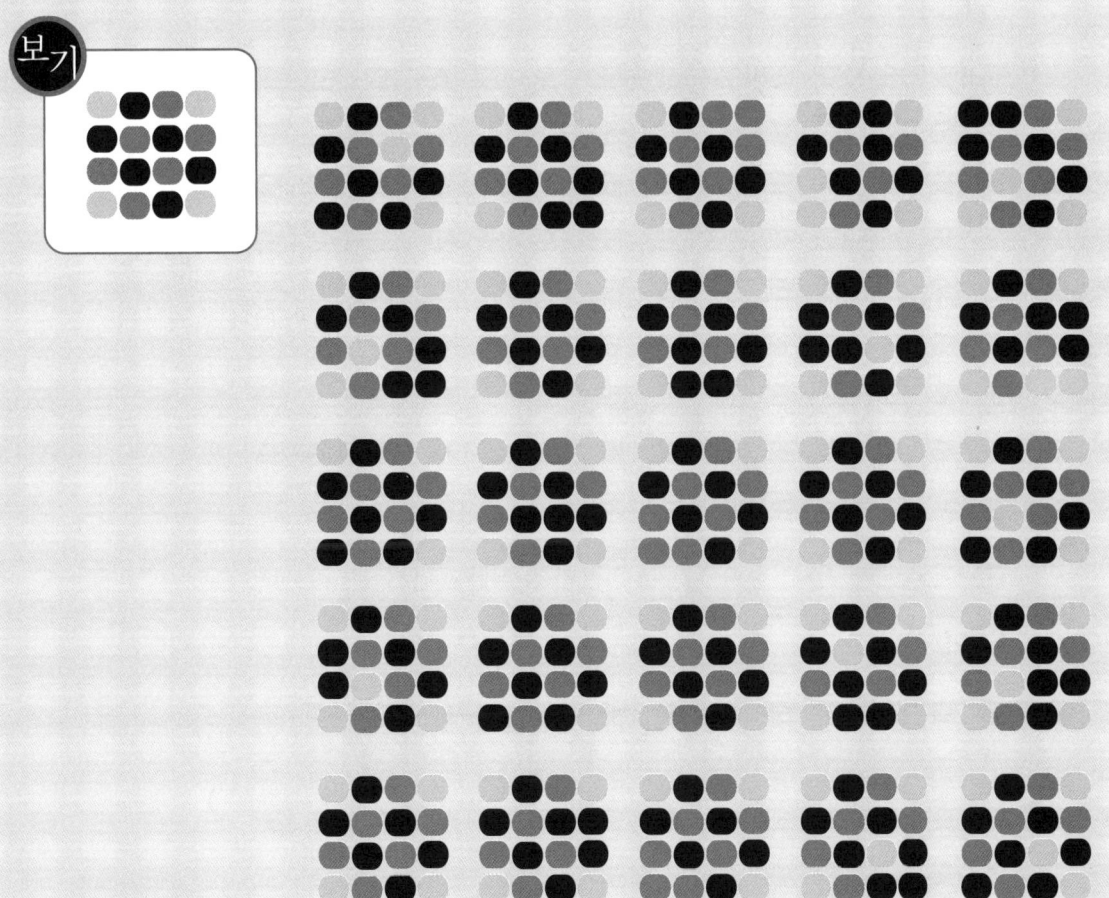

1 가로세로 어휘 찾기

다음 네모에서 알고 있는 어휘를 찾아 동그라미를 해 보세요.

여기서 찾은 어휘로 2~6번 문제를 풀어요!

★	문	사	떡	자	투	리	풍	어	제
책	갑	회	살	화	차	★	산	신	제
자	본	주	의	조	서	대	종	교	자
단	청	의	기	각	낭	원	불	교	격
네	티	켓	와	보	당	참	성	단	루

내가 찾은 어휘 ___ 개

2 어휘 뜻 알기

다음 설명이나 그림이 뜻하는 어휘가 무엇인지 빈칸을 채워 보세요.

문제 개수 8개
맞은 개수 ___ 개
틀린 개수 ___ 개

가) 개인의 재산을 없애고 모든 생산을 사회의 공동 소유로 하는 제도 또는 사상 ……… ☐ ☐ 주 의

나) 팔거나 재단하다가 남은 천 조각 또는 아주 작거나 적은 조각 · ☐ ☐ 리

다) 어촌에서 물고기가 많이 잡히기를 비는 제사 ……… ☐ ☐ 제

라) 땅이나 마을을 지켜 준다는 서낭신을 모신 집 ……… ☐ 당

마) 단군왕검이 하늘에 제사를 지낸 곳으로 알려진 강화도 마니산의 단 · ☐ 단

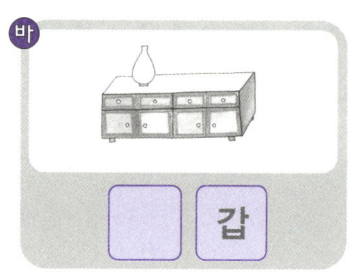

바) ☐ 갑

사) ☐ ☐ (火車)

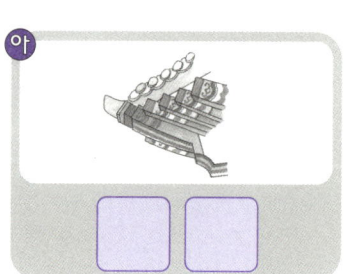

아) ☐ ☐

114

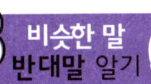
비슷한 말 반대말 알기

다음에서 비슷한 뜻끼리 짝지어진 것에는 '='로, 반대의 뜻끼리 짝지어진 것에는 '↔'로 나타내거나, 부호에 알맞게 어휘를 채워 보세요.

문제 개수 6개
맞은 개수 ◯ 개
틀린 개수 ◯ 개

자투리	(가)	나머지
사회주의	(나)	자본주의
네티켓	(다)	통신 예절

책갑	(라)	책장
(마)	=	물시계
대종교	(바)	단군교

큰 말 작은 말 알기

어휘의 포함 관계에 따라 '<', 또는 '>'로 나타내고, 그림의 위치에 알맞게 어휘를 넣어 보세요.

문제 개수 9개
맞은 개수 ◯ 개
틀린 개수 ◯ 개

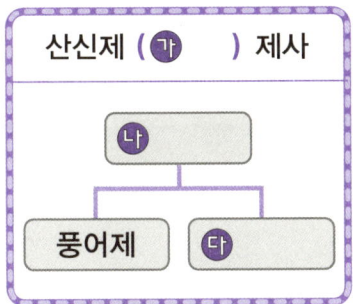
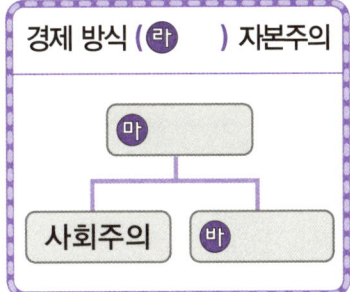
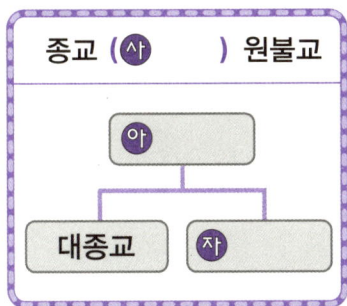

관용어 알기

짝을 이루는 말을 찾아 동그라미 하고, 그 말의 뜻을 보기 에서 찾아 번호를 쓰세요.

문제 개수 4개
맞은 개수 ◯ 개
틀린 개수 ◯ 개

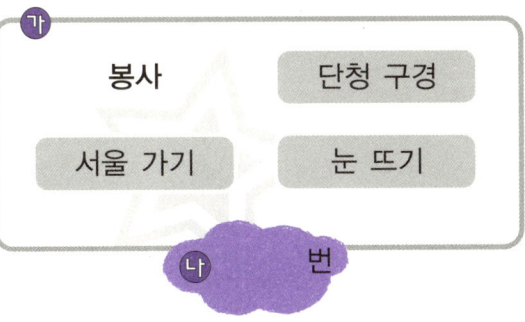
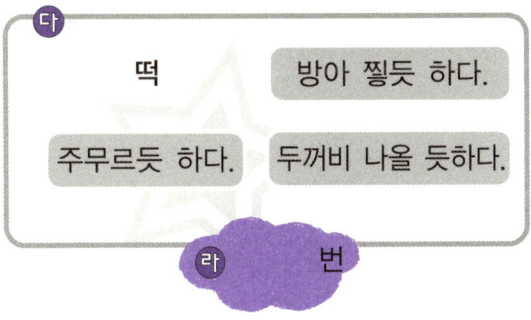

보기
① 귀가 얇아서 사람들이 말하는 대로 이끌려 다님.
② 저 하고 싶은 대로 마음대로 다룸.
③ 눈먼 봉사가 단청을 보듯 사물의 참된 모습을 깨닫지 못함.

6 어휘 활용하기

다음 ㉮~㉰의 ( )에 알맞은 어휘를 보기에서 찾아 번호를 쓰고, ㉲의 질문에 답해 보세요.

문제 개수 5개

맞은 개수 ( )개

틀린 개수 ( )개

㉮ 현재 우리나라의 경제 방식은 개인의 재산을 인정하는 (　　　) 제도이다.

㉯ 예전의 여자들은 자투리 천을 이용한 (　　　)(으)로 이불이나 베개 등을 만들었다.

㉰ 동해안별신굿은 동해 사람들이 지내는 일종의 (　　　)이다.

㉱ 얼굴을 볼 수 없는 사이버 공간에서도 우리는 서로에 대한 (　　　)을/를 지켜야 한다.

㉲ '떡 주무르듯 하다.'를 넣어 짧은 글을 지어 보세요.
→

보기
① 문갑　② 화차　③ 조각보　④ 자본주의　⑤ 자투리
⑥ 풍어제　⑦ 서낭당　⑧ 참성단　⑨ 네티켓　⑩ 단청

총 문제 개수 32개 　 총 맞은 개수 (　)개 　 총 틀린 개수 (　)개

좋은 습관 다지는 72 스스로 하는 봉사

　자원 봉사(自願奉仕)는 '스스로 자(自), 원할 원(願), 받들 봉(奉), 섬길 사(仕)'라고 씁니다. 즉 자원 봉사는 스스로 원해서 어려운 사람들을 받들고 섬기는 마음으로 도와주는 것을 말합니다. 누가 시켜서 하는 것이 아니라 마음에서 우러나와 남을 돕는 것이 진정한 자원 봉사라는 것입니다.

　오래도록 자원 봉사 활동을 한 사람들의 얼굴을 보면 모두 평안하고 행복해 보입니다. 그분들은 다른 이를 돕는 가운데 자신도 모르는 기쁨이 생기고 마음이 행복해진다고 합니다. 자원 봉사가 남을 돕는 것이 아니라 스스로를 돕는 일도 된다는 뜻입니다. 자원 봉사는 어려운 일이 아닙니다. 어려운 사람을 돕고자 하는 마음을 가지는 것이 이미 봉사의 절반이기 때문입니다. 어려운 사람들을 돕고자 하는 마음이 생겼다면 바로 실천하도록 합시다.

머리 풀어주는 퍼즐

도전 시간 00 분 30 초
걸린 시간 분 초

창의사고력 기초 다지기 연상추리력

숫자의 개수만큼 위, 아래, 대각선에 폭탄이 숨겨져 있습니다. 폭탄이 있는 칸에 ×표 하세요.

보기

8개의 폭탄이 숨어 있어요.

		o	1			
o				o	1	2
	1					1
	2	o		o		o
	3					
	3	2			o	
3		3	1			o
2				o		
1		1				1

10개의 폭탄이 숨어 있어요!

8 분 50 초

1 가로세로 어휘 찾기

다음 네모에서 알고 있는 어휘를 찾아 동그라미를 해 보세요.

여기서 찾은 어휘로 2~6번 문제를 풀어요!

태	양	위	별	자	리	토	우	주	선
양	행	성	지	구	화	성	주	혜	혜
계	천	탐	사	목	온	외	인	성	왕
광	체	공	금	성	실	계	천	왕	성
속	자	전	축	에	너	지	망	원	경

내가 찾은 어휘   개

2 어휘 뜻 알기

다음 설명이나 그림이 뜻하는 어휘가 무엇인지 빈칸을 채워 보세요.

문제 개수 8개
맞은 개수   개
틀린 개수   개

㉮ 우주에 존재하는 모든 물체 ··········· ☐☐
㉯ 중심별의 영향으로 타원 궤도를 그리며 중심별 주위를 도는 천체 ·· ☐☐
㉰ 행성의 인력에 의하여 그 둘레를 도는 천체 ············· ☐☐
㉱ 천체(天體)가 자전할 때 중심이 되는 축 ········· ☐☐☐
㉲ 진공 속에서 빛이 나아가는 속도. 1초에 약 30만km ········ ☐☐

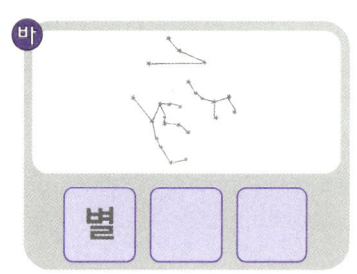
별 ☐ ☐

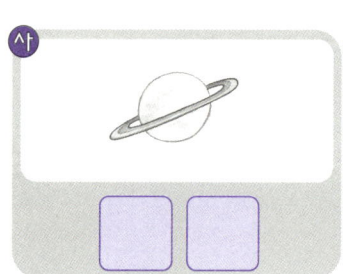
☐ ☐

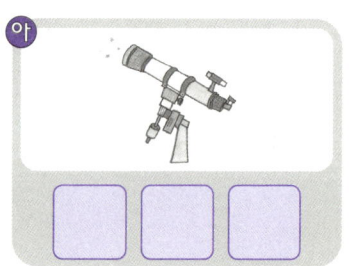
☐ ☐ ☐

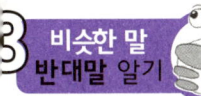

다음에서 비슷한 뜻끼리 짝지어진 것에는 '='로, 반대의 뜻끼리 짝지어진 것에는 '↔'로 나타내거나, 부호에 알맞게 어휘를 채워 보세요.

빛의 속도	=	(가)
공전	(나)	자전
금성	(다)	샛별

행성	(라)	떠돌이별
온실	(마)	냉실
혜성	(바)	꼬리별

어휘의 포함 관계에 따라 '<', 또는 '>'로 나타내고, 그림의 위치에 알맞게 어휘를 넣어 보세요.

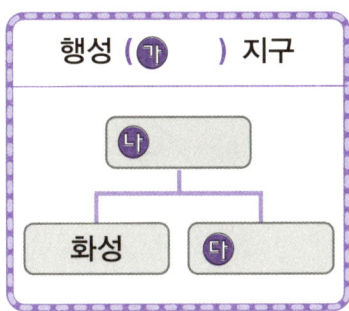
행성 (가) 지구
나 / 화성, 다

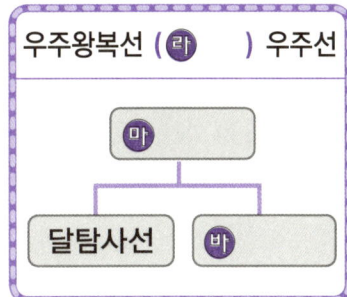
우주왕복선 (라) 우주선
마 / 달탐사선, 바

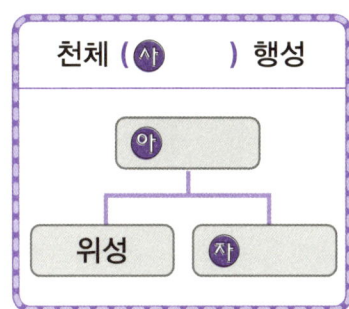
천체 (사) 행성
아 / 위성, 자

짝을 이루는 말을 찾아 동그라미 하고, 그 말의 뜻을 보기 에서 찾아 번호를 쓰세요.

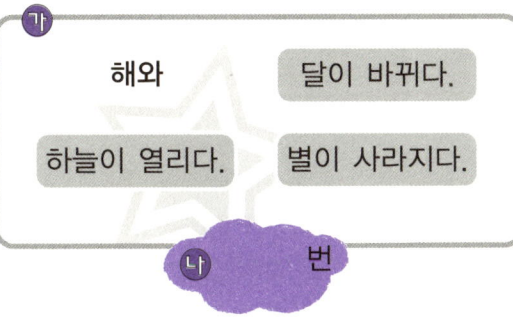
해와   달이 바뀌다.
하늘이 열리다.   별이 사라지다.
(나) 번

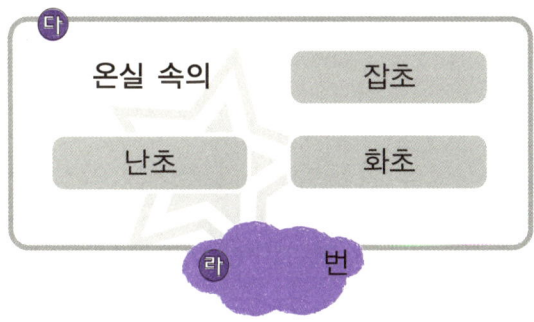
온실 속의   잡초
난초   화초
(라) 번

보기
① 해가 서산으로 넘어가며 날이 저묾.
② 어려움이나 고난을 겪지 아니하고 그저 곱게만 자란 사람
③ 세월이 많이 지남.

119

6 어휘 활용하기

다음 ㉮~㉱의 ( )에 알맞은 어휘를 보기 에서 찾아 번호를 쓰고, ㉲의 질문에 답해 보세요.

문제 개수 5개
맞은 개수 ☁ 개
틀린 개수 ☁ 개

㉮ 지구는 태양을 중심으로 도는 (　　　)이다.

㉯ 지구 주위를 도는 (　　　)에는 달과 인공위성 등이 있다.

㉰ 별에 꼬리가 달린 것처럼 보이는 (　　　)을/를 보고 옛날 사람들은 불길하다고 했다.

㉱ 밤하늘에 보이는 (　　　)은/는 저마다 신비한 전설을 가지고 있다.

㉲ '온실 속의 화초'를 넣어 짧은 글을 지어 보세요.
→ _____

보기
① 태양　② 별자리　③ 행성　④ 위성　⑤ 광속
⑥ 자전축　⑦ 온실　⑧ 혜성　⑨ 금성　⑩ 지구

총 문제 개수 (32)개 | 총 맞은 개수 (　)개 | 총 틀린 개수 (　)개

좋은 습관 다지는 72

아침 일찍 일어나자!

　사람이 인생을 살면서 큰 용기를 내야 할 세 가지 일이 있다면, 나라를 위할 때, 사랑하는 사람을 위할 때, 그리고 아침 일찍 이불을 박차고 일어나야 할 때라는 우스갯소리가 있습니다. 그만큼 아침에 일찍 일어나는 것이 어렵다는 말입니다.

　옛날 우리 조상들은 해가 뜨는 새벽에 일어나 해가 지면 잠자리에 들었습니다. 이렇게 생활했던 조상들은 오늘날 현대인보다 더 건강한 삶을 살았습니다. 우리의 몸은 자연의 흐름에 맞추어져 있어서, 해가 떠 있는 동안에는 햇빛을 받아 에너지를 얻고 해가 진 밤에는 잠을 통해 에너지를 얻도록 이루어져 있기 때문입니다. 그렇기 때문에 아침 일찍 일어나 활기찬 생활을 하고 일찍 잠자리에 들면 건강도 좋아지고 기분도 상쾌해집니다.

머리 풀어주는 퍼즐

도전 시간	걸린 시간
00 분 20 초	분 초

창의사고력 기초 다지기 판단능력 쏙~

표시된 숫자의 개수만큼 사각형 모양으로 칸을 나누어 보세요. 모두 다섯 부분으로 나누어지며, 한 칸도 남지 않아야 합니다.

보기
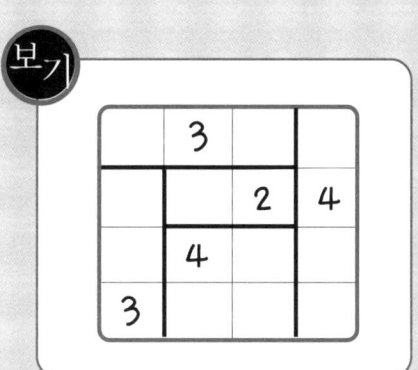

문제1

문제2
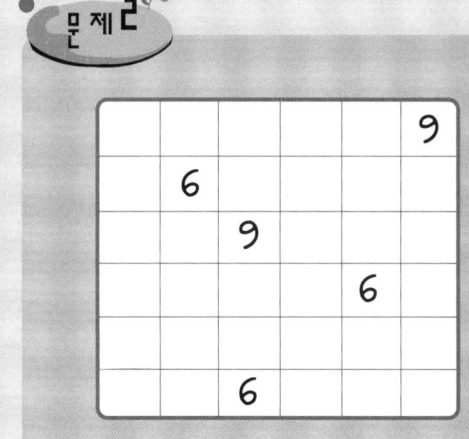

문제3
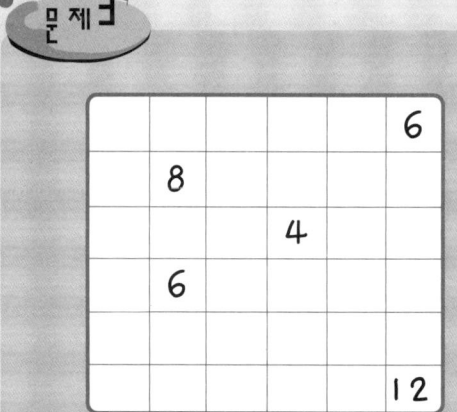

121

1 가로세로 어휘 찾기

다음 네모에서 알고 있는 어휘를 찾아 동그라미를 해 보세요.

여기서 찾은 어휘로 2~6번 문제를 풀어요!

의	견	능	률	적	회	의	문	사	수
주	타	협	표	결	불	주	화	물	구
장	양	불	동	재	편	춧	교	놀	풍
과	보	만	의	청	피	돌	류	이	습
정	민	주	사	회	해	주	인	의	식

내가 찾은 어휘 ☁ 개

2 어휘 뜻 알기

다음 설명이나 그림이 뜻하는 어휘가 무엇인지 빈칸을 채워 보세요.

문제 개수 8개
맞은 개수 ☁ 개
틀린 개수 ☁ 개

- 가 어떤 일에 대하여 가지는 생각 ········ ☐☐
- 나 두 편이 서로 좋도록 양보하여 협의함. ········ ☐☐
- 다 옛 제도나 풍습을 그대로 지키고 따름. ········ ☐☐
- 라 예로부터 지켜 내려오는, 생활에 관한 사회적 습관 ········ ☐☐
- 마 주권이 국민에게 있는 사회 ········ ☐☐ 사 회

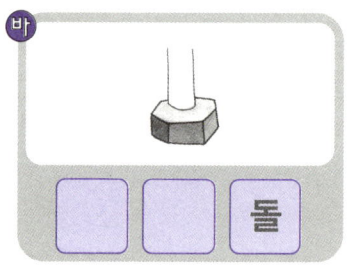
바 ☐☐ 돌

사 ☐☐ 놀 이

아 ☐☐

122

비슷한 말 반대말 알기

다음에서 비슷한 뜻끼리 짝지어진 것에는 '='로, 반대의 뜻끼리 짝지어진 것에는 '↔'로 나타내거나, 부호에 알맞게 어휘를 채워 보세요.

수구	(가)	보수
불만	(나)	만족
타협	(다)	협의

(라)	↔	반대
주인 의식	(마)	노예 근성
(바)	↔	가해

큰 말 작은 말 알기

어휘의 포함 관계에 따라 '<', 또는 '>'로 나타내고, 그림의 위치에 알맞게 어휘를 넣어 보세요.

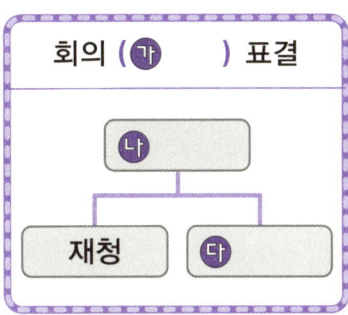
회의 (가) 표결

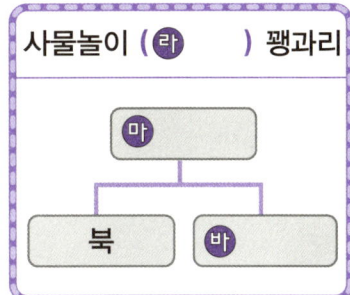
사물놀이 (라) 꽹과리

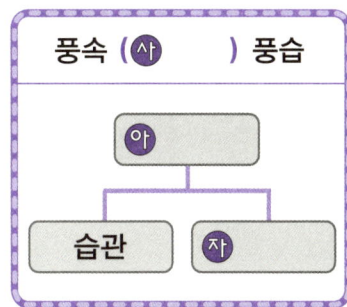
풍속 (사) 풍습

관용어 알기

짝을 이루는 말을 찾아 동그라미 하고, 그 말의 뜻을 보기 에서 찾아 번호를 쓰세요.

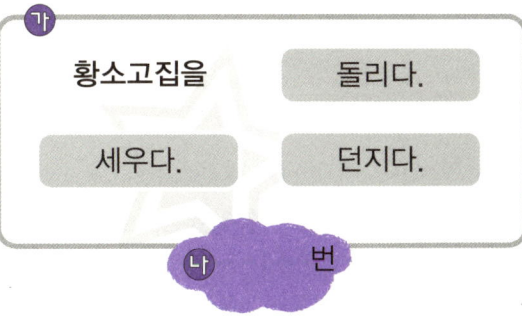

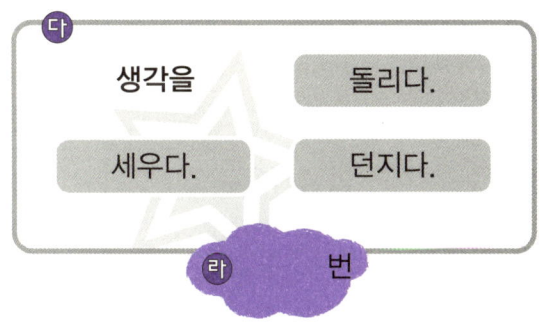

보기
① 절대 꺾이지 않으려는 기세로 끝까지 고집을 부림.
② 여럿의 뜻이 합쳐지면 무슨 일이라도 할 수 있음.
③ 생각을 바꾸어서 달리 생각함.

6 어휘 활용하기

다음 가~라의 ( )에 알맞은 어휘를 보기에서 찾아 번호를 쓰고, 마의 질문에 답해 보세요.

문제 개수 5개

맞은 개수 ◯개
틀린 개수 ◯개

가 시민들의 작은 참여가 우리 사회가 민주 사회로 가는 (　　　)이/가 되었다.
나 그렇게 서로 고집만 부리지 말고 조금씩 (　　　)하시지요.
다 우리나라는 설에 어른들께 세배하는 (　　　)이/가 있다.
라 이번 선거는 진보와 (　　　)의 대립으로 정의할 수 있다.
마 '생각을 돌리다.'를 넣어 짧은 글을 지어 보세요.

→ _____

보기
① 회의 ② 수구 ③ 양보 ④ 표결 ⑤ 민주 사회
⑥ 의견 ⑦ 주장 ⑧ 풍습 ⑨ 불편 ⑩ 주춧돌

총 문제 개수 32개 | 총 맞은 개수 ◯개 | 총 틀린 개수 ◯개

좋은 습관 다지는 7교시 — 아침밥, 굶지 마세요

아침 일찍 일어나 학교에 갈 준비를 하기도 바쁜데 아침밥을 꼬박꼬박 챙겨 먹는 일이란 쉬운 일은 아니지요? 그러나 아침밥은 꼭 챙겨 먹어야 한답니다.

우리 몸은 잠을 자고 있는 동안에도 몸속에 저장되어 있는 영양분을 소비하기 때문에, 다음날 활동하기 위해서는 아침에 영양분을 새로 공급해 줘야 합니다. 아침밥을 먹지 않으면 영양분이 공급되지 않아 몸이 피로해지고 신체의 기능도 떨어지게 되지요. 아침에 졸리거나 머리가 멍한 경우도 이 때문이랍니다. 또, 아침을 자주 거르면 위산 때문에 위염이나 위궤양이 생길 수도 있고, 아침을 거른 채로 점심을 먹게 되면 소화 장애를 일으킬 수도 있습니다. 아침을 거르면 점심 때 배가 고파 과식을 하거나 간식을 먹게 되어 살이 찌기도 쉬우니 아침을 꼬박꼬박 챙겨 먹는 것은 건강을 지키기 위해 꼭 필요한 습관입니다.

29회 머리 풀어주는 퍼즐

도전 시간 00분 30초 **걸린 시간** 분 초

창의사고력 기초 다지기 정보처리능력

와 같이 을 움직여 다음 그림에 꼭 들어맞도록 채워 보세요.

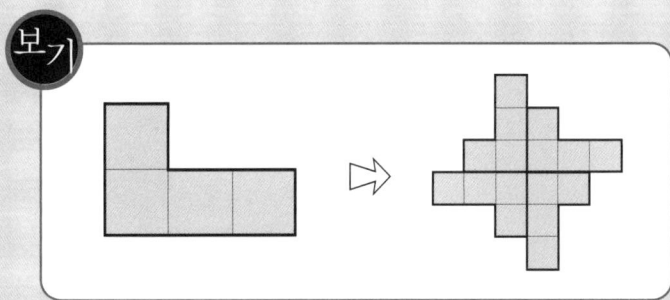

8 분 00 초 | 분 초

1 가로세로 어휘 찾기

다음 네모에서 알고 있는 어휘를 찾아 동그라미를 해 보세요.

여기서 찾은 어휘로 2~6번 문제를 풀어요!

손	바	느	질	압	착	시	침	홈	대
형	양	천	연	섬	유	박	음	질	바
겊	털	펄	프	날	직	겉	뜨	기	늘
목	화	솜	씨	실	물	부	직	포	뜨
누	에	고	치	스	킬	자	수	★	기

내가 찾은 어휘 ___ 개

2 어휘 뜻 알기

다음 설명이나 그림이 뜻하는 어휘가 무엇인지 빈칸을 채워 보세요.

문제 개수 8 개
맞은 개수 ___ 개
틀린 개수 ___ 개

㉮ 압력을 가하여 물질의 밀도를 높임. ┈┈┈┈ ☐☐

㉯ 바느질을 할 때 천을 맞대어 듬성듬성하게 대강 고정하는 일 ┈ ☐☐

㉰ 실로 짜는 섬유 가운데 천연물의 세포로 되어 있는 섬유 • ☐☐ 섬 유

㉱ 기계적·화학적 처리에 의하여 식물체의 섬유를 추출한 것 ┈┈ ☐☐

㉲ 처음 원단을 짤 때, 세로 방향으로 놓인 실 ┈┈┈┈┈┈ ☐☐

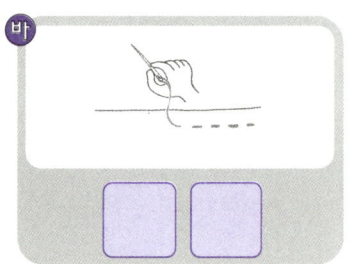
㉳ ☐☐

㉴ ☐☐☐ 뜨 기

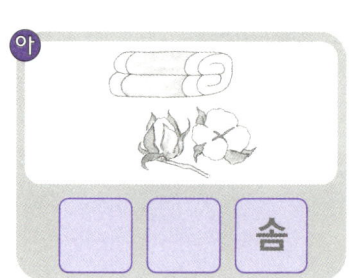
㉵ ☐☐ 솜

 비슷한 말 반대말 알기

다음에서 비슷한 뜻끼리 짝지어진 것에는 '=' 로, 반대의 뜻끼리 짝지어진 것에는 '↔' 로 나타내거나, 부호에 알맞게 어휘를 채워 보세요.

직물	(가)	원단
(나)	↔	안뜨기
헝겊	(다)	천

(라)	↔	날실
양모(羊毛)	(마)	양털
천연 섬유	(바)	화학 섬유

 큰 말 작은 말 알기

어휘의 포함 관계에 따라 '<', 또는 '>'로 나타내고, 그림의 위치에 알맞게 어휘를 넣어 보세요.

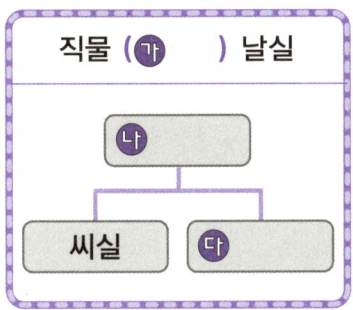
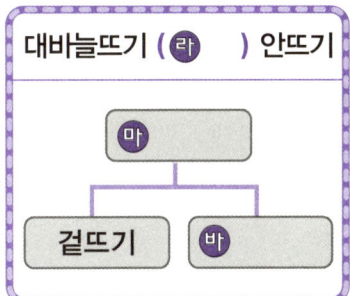
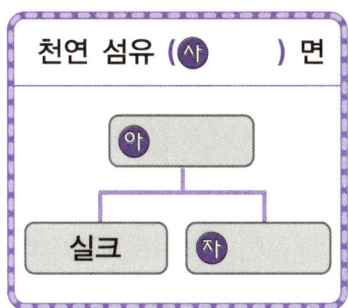

 관용어 알기

짝을 이루는 말을 찾아 동그라미 하고, 그 말의 뜻을 보기 에서 찾아 번호를 쓰세요.

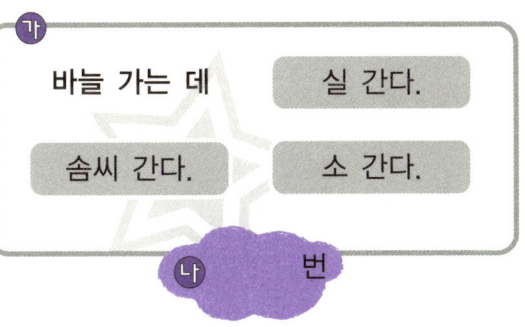
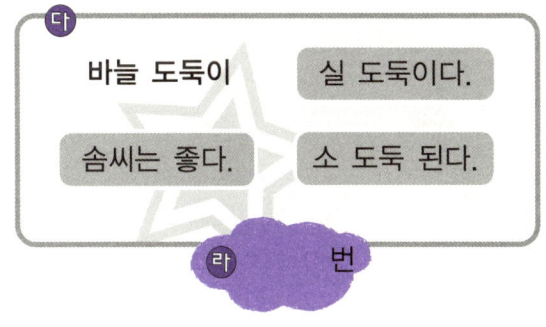

보기
① 작은 나쁜 짓도 자꾸 하게 되면 큰 죄를 저지르게 됨.
② 둘이 항상 같이 다니고 떨어지지 않는 경우를 이름.
③ 필요 없는 것이 늘 붙어 다녀 귀찮게 구는 것을 이름.

다음 ㉮~㉱의 ( )에 알맞은 어휘를 보기에서 찾아 번호를 쓰고, ㉲의 질문에 답해 보세요.

㉮ 올 겨울에는 (   )(으)로 목도리를 뜨려고 털실을 샀다.
㉯ 자투리 (   )을/를 이어 조각보를 만들었다.
㉰ 우리 주변에서 널리 쓰이는 (   )은/는 면, 마, 모직, 실크 등이다.
㉱ 재봉틀이 발명되기 전 사람들은 (   )(으)로 옷을 만들어 입었다.
㉲ '바늘 가는 데 실 간다.'를 넣어 짧은 글을 지어 보세요.

→ _____

보기
① 시침   ② 손바느질   ③ 대바늘뜨기   ④ 헝겊   ⑤ 누에고치
⑥ 천연 섬유   ⑦ 부직포   ⑧ 압착   ⑨ 목화   ⑩ 씨실

총 문제 개수 (32)개 | 총 맞은 개수 ( )개 | 총 틀린 개수 ( )개

조선 시대의 학자 퇴계 이황 선생은 성리학을 체계화한 대학자입니다. 오늘날까지도 그 업적을 인정받고 있는 퇴계 이황 선생은 어떻게 공부를 하였을까요?

퇴계 이황 선생의 집안은 매우 가난해서 책을 사서 보기도 어려울 정도였습니다. 그러나 배움에 대한 열의가 매우 컸던 이황 선생은 밥을 굶더라도 책을 사는 데는 돈을 아끼지 않았습니다. 또 책을 사면 읽고 또 읽어서 표지가 너덜너덜해질 정도였습니다.

퇴계 이황 선생이 벼슬을 마치고 제자들에게 학문을 가르쳤던 곳에 세워진 도산서원에는 지금도 4000권이 넘는 책들이 보관되어 있습니다. 퇴계 이황 선생은 이렇게 많은 책을 통해 지혜를 쌓아서 훌륭한 학자가 된 것입니다. 여러분도 많은 책을 읽고 지혜를 쌓는다면 이황 선생 못지않은 훌륭한 사람이 될 수 있을 것입니다.

머리 풀어주는 퍼즐

창의사고력 기초 다지기

사다리를 타고 내려가면서, 같은 도형 속의 숫자가 나올 수 있도록 +, −, ÷를 이용해 빈칸을 채워 보세요. (단, 자연수만 이용합니다.)

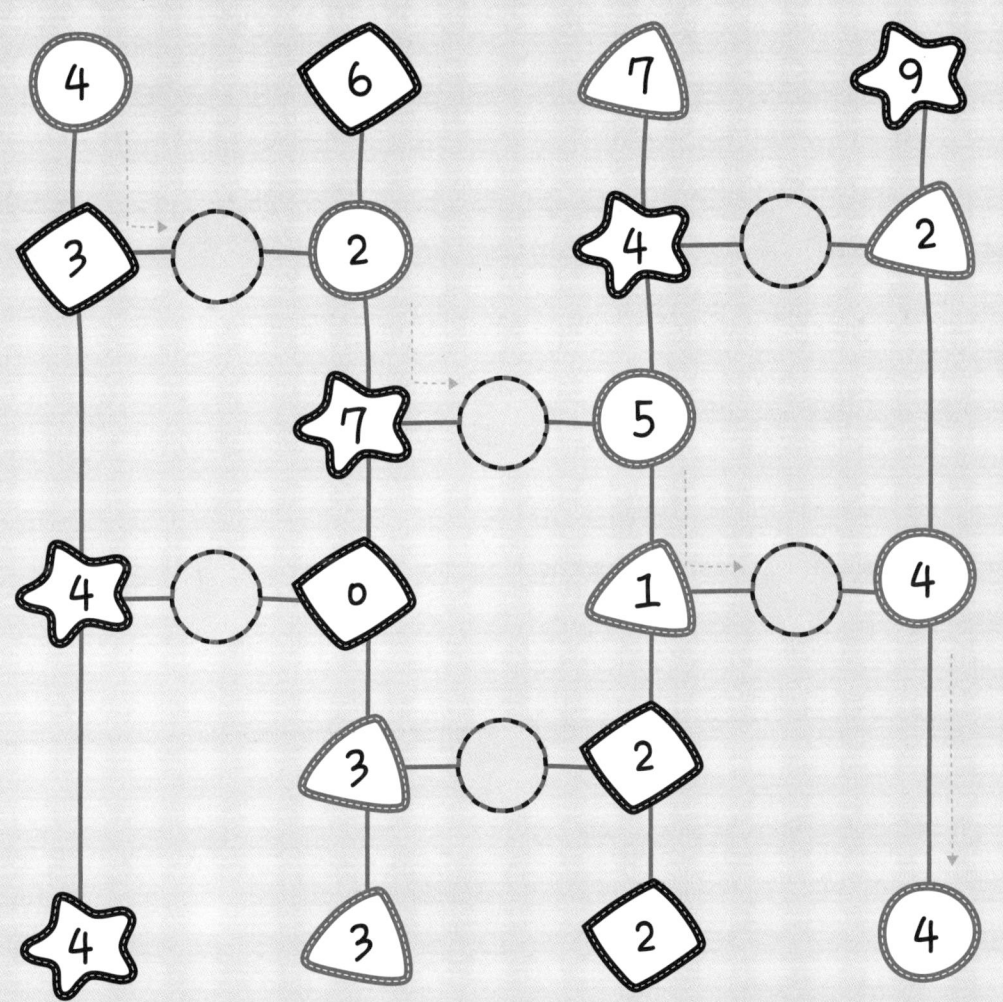

1 가로세로 어휘 찾기

다음 네모에서 알고 있는 어휘를 찾아 동그라미를 해 보세요.

지	배	보	루	왕	권	강	화	농	관
살	외	척	외	교	태	계	서	경	아
수	을	진	대	법	자	림	라	문	부
대	파	정	예	병	설	화	벌	화	역
첩	소	환	곡	제	도	삼	한	시	대

여기서 찾은 어휘로 2~6번 문제를 풀어요!

내가 찾은 어휘 ___ 개

2 어휘 뜻 알기

다음 설명이나 그림이 뜻하는 어휘가 무엇인지 빈칸을 채워 보세요.

- 가) 어머니 쪽의 친척으로 역사에서는 왕비 쪽의 일가를 말함. ⋯⋯ ☐ ☐
- 나) 보통 역사에서 신라를 지칭하는 말로 경주의 옛 이름 ⋯⋯ 서 ☐
- 다) 재난이나 흉년 든 해에 백성에게 나라의 곡식을 꾸어 주던 제도 · ☐ 법
- 라) 나라에서 보수 없이 국민에게 의무적으로 시켰던 노동 ⋯⋯⋯ ☐ ☐
- 마) 다른 나라와 정치적, 경제적, 문화적 관계를 맺는 일 ☐ ☐

바) ☐ ☐ 문 화

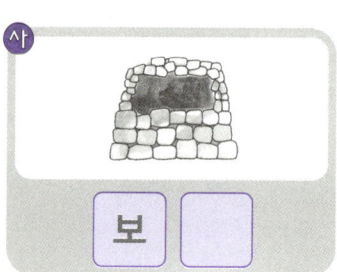

사) 보 ☐

아) ☐ ☐ 시 대

비슷한 말 반대말 알기

다음에서 비슷한 뜻끼리 짝지어진 것에는 '='로, 반대의 뜻끼리 짝지어진 것에는 '↔'로 나타내거나, 부호에 알맞게 어휘를 채워 보세요.

문제 개수 6개
맞은 개수 □ 개
틀린 개수 □ 개

외척	(가)	외가 친척
태자	(나)	세자
관아	(다)	관청

부역	(라)	노역
진대법	(마)	환곡법
역대	(바)	그동안

큰 말 작은 말 알기

어휘의 포함 관계에 따라 '<', 또는 '>'로 나타내고, 그림의 위치에 알맞게 어휘를 넣어 보세요.

문제 개수 9개
맞은 개수 □ 개
틀린 개수 □ 개

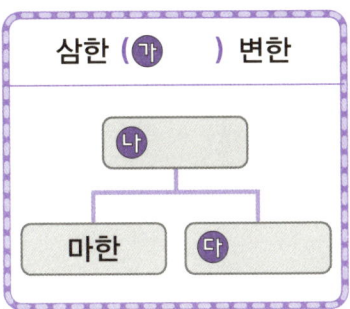
삼한 (가) 변한
나
마한 다

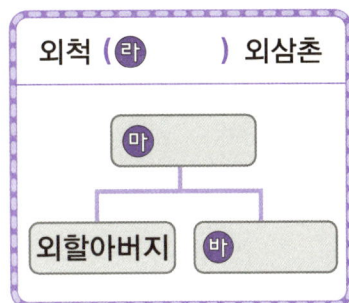
외척 (라) 외삼촌
마
외할아버지 바

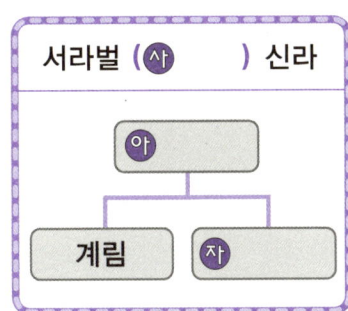
서라벌 (사) 신라
아
계림 자

관용어 알기

짝을 이루는 말을 찾아 동그라미 하고, 그 말의 뜻을 보기 에서 찾아 번호를 쓰세요.

문제 개수 4개
맞은 개수 □ 개
틀린 개수 □ 개

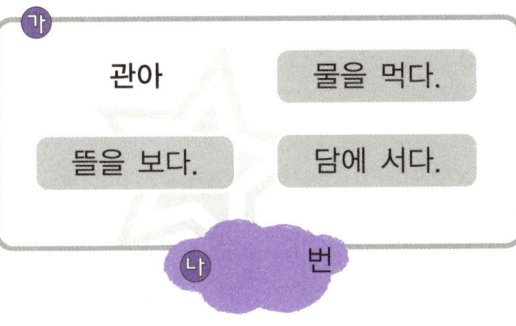
(가)
관아   물을 먹다.
뜰을 보다.   담에 서다.
나   번

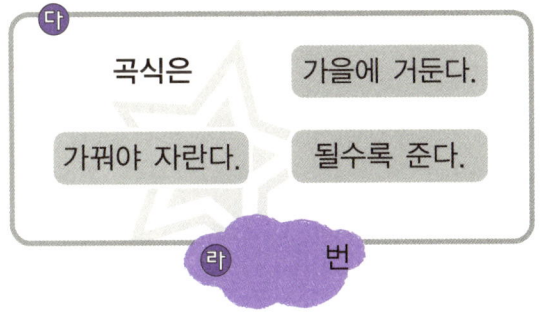
(다)
곡식은   가을에 거둔다.
가꿔야 자란다.   될수록 준다.
라   번

보기
① 나라의 신하로 생활을 함.
② 무엇이나 여기저기 옮겨 담으면 조금씩 줆.
③ 관아의 곡식을 빌려 먹음.

6 어휘 활용하기

다음 가~라의 ( )에 알맞은 어휘를 보기에서 찾아 번호를 쓰고, 마의 질문에 답해 보세요.

문제 개수 5개
맞은 개수 ___개
틀린 개수 ___개

가 ( )은/는 고구려의 을지문덕이 수나라 군대를 살수에서 무찌른 싸움이다.

나 고구려의 재상이었던 을파소는 ( )을/를 만들어 흉년에 백성에게 곡식을 빌려 주었다.

다 나라에서 강제로 시켰기 때문에 백성들은 할 수 없이 ( )을/를 나가야 했다.

라 쥐불놀이나 동채싸움 등의 민속놀이는 우리의 ( )에 그 바탕을 두고 있다.

마 '외교'를 넣어 짧은 글을 지어 보세요.
→ _____

보기
① 농경 문화 ② 살수대첩 ③ 왕권 강화 ④ 설화 ⑤ 관아
⑥ 부역 ⑦ 진대법 ⑧ 외척 ⑨ 역대 ⑩ 외교

총 문제 개수 32개 | 총 맞은 개수 ○개 | 총 틀린 개수 ○개

공부 의욕 다지는 가리

욕심 부리면 안돼요!

동남아시아에는 원숭이가 많습니다. 그중 간이 큰 원숭이들은 관광객의 먹이를 빼앗거나, 먹이를 구하기 위해 사람들의 집에 침입하기도 합니다. 그런데 이런 원숭이들을 작은 조롱박 하나로 잡을 수 있다고 합니다. 먼저, 손 하나가 겨우 들락날락 할 수 있을 정도로 입구가 좁고 배는 불룩한 조롱박을 준비합니다. 그 다음 원숭이가 좋아하는 바나나를 조롱박 속에 넣습니다. 그리고는 원숭이가 바나나를 먹으려고 조롱박에 손을 넣을 때까지 기다리면 됩니다. 원숭이들은 욕심이 많아 바나나를 손에서 절대 놓지 않습니다. 결국 조롱박에서 손을 빼지 못해 도망가지 못하고 잡히게 되는 것입니다.

이처럼 욕심을 부리다가 곤경에 처하는 일은 없어야겠지요? 적당히 자신이 필요한 만큼만 갖고 나머지는 다른 사람과 나누는 현명한 자세를 가지세요.

공부 습관 초등어휘

5·6학년 기본 I

정답

채점 전 알러두기

●●● 답안과 다른 해결 방법을 가진 퍼즐 문제도 있습니다. 자유롭고 창의적으로 문제를 해결해 보세요.
●●● 〈❶가로세로 낱말 찾기〉의 답안은 ❷~❻번 문제의 바탕이 되는 낱말들에 표시해 둔 것입니다. 이 낱말들 이외에도 얼마든지 더 찾을 수 있습니다. 아이들이 자유롭게 낱말을 찾아 표시하고 자신이 찾은 낱말의 개수를 표시하도록 두세요. 답안에 표시된 단어보다 더 많이 찾았을 경우 칭찬해 주시고, 잘 쓰이지 않는 낱말을 찾았을 경우엔 어떤 뜻인지 한번 물어보고 설명해 주세요. 찾은 개수가 많이 적을 경우 시간을 더 주고 다시 한 번 살펴보도록 해 주세요. 채점은 ❷~❻번 문제만 하면 됩니다.

 **01회** 13쪽~16쪽

 **02회** 17쪽~20쪽

 **03회** 21쪽~24쪽

01회

퍼즐
- 오토바이 : 7장
- 자동차 : 6장
- 나비 : 5장
- 장미 : 6장
- 튤립 : 5장
- 해바라기 : 5장
- 코스모스 : 4장

정답

❶ 가로세로 어휘 찾기

❷ 어휘 뜻 알기
- ㉮ 대령 ㉯ 거부
- ㉰ 뻗대 ㉱ 짭조름
- ㉲ 굴욕 ㉳ 댕기
- ㉴ 쌀짱 ㉵ 가마

❸ 비슷한 말 반대말 알기
- ㉮ ↔ ㉯ = ㉰ ↔
- ㉱ ↔ ㉲ 명령

❹ 큰 말 작은 말 알기
- ㉮ < ㉯ 마음 ㉰ 거부감
- ㉱ > ㉲ 불 ㉳ 불똥

❺ 관용어 알기
- ㉮ 튀다. ㉯ ③

❻ 어휘 활용하기
- ㉯ ⑧ ㉰ ⑦ ㉱ ⑨
- ㉲ 예) 다른 형제를 야단치시던 엄마가 나까지 야단치실 때

02회

퍼즐

정답

❶ 가로세로 어휘 찾기

❷ 어휘 뜻 알기
- ㉮ 병충 ㉯ 온돌
- ㉰ 산간 ㉱ 기단
- ㉲ 아궁 ㉳ 등등거리
- ㉴ 배자 ㉵ 부이

❸ 비슷한 말 반대말 알기
- ㉮ = ㉯ 댓돌 ㉰ =
- ㉱ = ㉲ =

❹ 큰 말 작은 말 알기
- ㉮ < ㉯ 옷감 ㉰ 모시
- ㉱ < ㉲ 건축 ㉳ 댓돌

❺ 관용어 알기
- ㉮ 장독 깬다. ㉯ ③

❻ 어휘 활용하기
- ㉯ ③ ㉰ ② ㉱ ⑦
- ㉲ 예) 옛날 우리 조상들은 낮 동안은 한복 속에 등등거리를 입는 것으로, 또 밤이면 죽부인을 안고 자는 것으로 더위를 이기고자 하였다.

03회

퍼즐

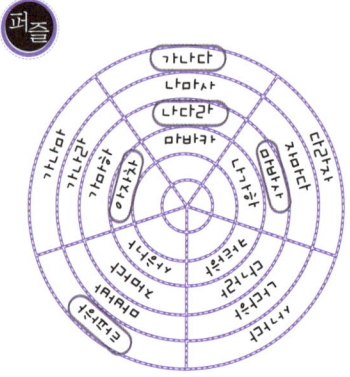

정답

❶ 가로세로 어휘 찾기

❷ 어휘 뜻 알기
- ㉮ 수면 ㉯ 흡수
- ㉰ 육풍 ㉱ 가속도
- ㉲ 일교 ㉳ 대야
- ㉴ 마개 ㉵ 오목

❸ 비슷한 말 반대말 알기
- ㉮ ↔ ㉯ 해풍 ㉰ ↔
- ㉱ ↔ ㉲ 볼록 렌즈

❹ 큰 말 작은 말 알기
- ㉮ > ㉯ 날씨 ㉰ 연교차
- ㉱ > ㉲ 겉면 ㉳ 지면

❺ 관용어 알기
- ㉮ 서에 번쩍 ㉯ ①

❻ 어휘 활용하기
- ㉯ ⑧ ㉰ ① ㉱ ⑥
- ㉲ 예) 볼록 렌즈로 햇빛을 모으면 검은 종이를 태울 수 있다.

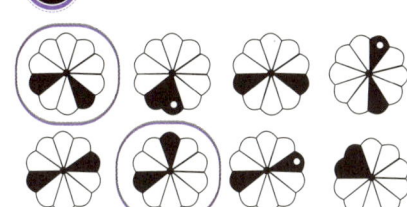
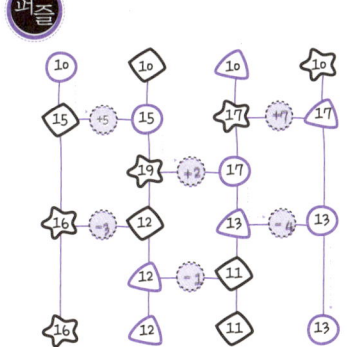
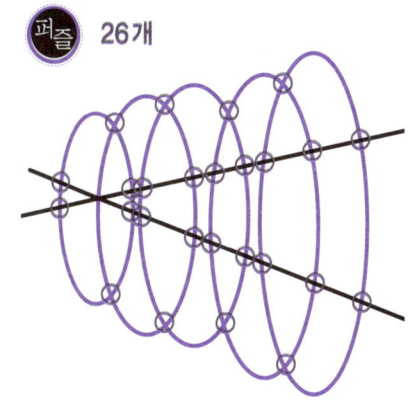 26개

04회 (25쪽~28쪽)

① 가로세로 어휘 찾기

청	거	짓	믿	음	★	사	★	의	리
직	떳	떳	함	위	로	정	양	정	제
어	★	사	잘	못	약	속	심	선	물
려	실	회	선	의	거	짓	말
움	망	★	위	노	정	★	안	마

② 어휘 뜻 알기
- 가 의리   나 선의
- 다 떳떳   라 절제
- 마 행   바 약속   사 안마
- 아 선물

③ 비슷한 말 반대말 알기
- 가 믿음   나 ↔ 다 =
- 라 ↔ 마 = 바 ↔

④ 큰 말 작은 말 알기
- 가 < 나 태도 다 떳떳함
- 라 > 마 상황 바 어려움
- 사 > 아 사회 자 가정

⑤ 관용어 알기
- 가 보태다.   나 ①
- 다 발등 찍힌다.   라 ②

⑥ 어휘 활용하기
- 가 ⑧   나 ⑤
- 다 ⑨   라 ①
- 마 예) 친구에게 믿고 비밀을 얘기했는데 다음날 우리 반에 소문이 퍼졌을 때

05회 (29쪽~32쪽)

① 가로세로 어휘 찾기

보	금	자	리	★	한	해	살	이	진
육	효	율	적	선	인	장	분	담	공
아	잔	손	★	여	러	해	살	이	청
되	풀	이	환	★	다	육	식	물	소
알	뿌	리	관	엽	식	물	★	기

② 어휘 뜻 알기
- 가 효율   나 한해   다 육
- 라 잔손   마 되풀
- 바 진공   사 뿌리
- 아 선인장

③ 비슷한 말 반대말 알기
- 가 = 나 여러해살이
- 다 보금자리   라 ↔
- 마 = 바 ↔

④ 큰 말 작은 말 알기
- 가 > 나 뿌리   다 알뿌리
- 라 > 마 청소 도구
- 바 진공청소기   사 <
- 아 식물   자 다육식물

⑤ 관용어 알기
- 가 양득(兩得)   나 ③
- 다 보채듯   라 ②

⑥ 어휘 활용하기
- 가 ②   나 ⑦
- 다 ⑤   라 ⑧
- 마 예) 시험을 잘 보면 선생님께 칭찬도 받고 용돈도 두둑히 받으니 일거양득이다.

06회 (33쪽~36쪽)

① 가로세로 어휘 찾기

★	선	직	립	보	행	뗀	유	물	조
역	사	석	기	시	대	석	적	움	개
유	토	기	록	구	★	기	채	집	무
인	저	장	신	석	기	고	고	학	지
원	★	간	석	기	빗	살	무	늬	배

② 어휘 뜻 알기
- 가 직립   나 선사
- 다 조개   라 유적
- 마 고고   바 빗살
- 사 뗀   아 움집

③ 비슷한 말 반대말 알기
- 가 역사   나 = 다 조개무지
- 라 = 마 = 바 =

④ 큰 말 작은 말 알기
- 가 < 나 석기   다 뗀석기
- 라 > 마 석기 시대
- 바 신석기   사 <
- 아 신석기 시대   자 간석기

⑤ 관용어 알기
- 가 나무 없다.   나 ③
- 다 옛날   라 ①

⑥ 어휘 활용하기
- 가 ⑦   나 ⑩
- 다 ④   라 ⑥
- 마 예) 구석기 시대의 인류는 바위에서 돌을 떼어낸 뗀석기를 사용하였다.

07회 37쪽~40쪽

퍼즐

정답

1 가로세로 어휘 찾기

2 어휘 뜻 알기
- 가 허,렛 나 거름
- 다 지,시 라 오금
- 마 교활 바 별똥별
- 사 불꽃 아 도롱

3 비슷한 말 반대말 알기
- 가 지그시 나 =
- 다 별똥별 라 ↔
- 마 = 바 이기적

4 큰 말 작은 말 알기
- 가 < 나 성격 다 겸손
- 라 > 마 도자기
- 바 식은태 사 <
- 아 별 자 별똥별

5 관용어 알기
- 가 저리다. 나 ③
- 다 내다. 라 ②

6 어휘 활용하기
- 가 ① 나 ⑧ 다 ④ 라 ⑤
- 마 예 교실의 유리를 누가 깼냐는 선생님의 물음에 오금이 저렸다.

08회 41쪽~44쪽

퍼즐

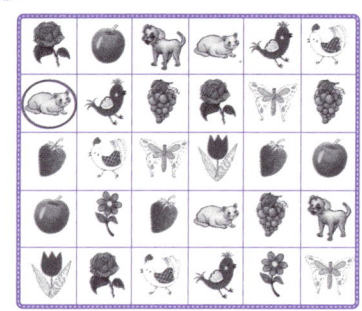

정답

1 가로세로 어휘 찾기

2 어휘 뜻 알기
- 가 소득 나 매립
- 다 퇴비 라 거주지
- 마 스모그 바 그래
- 사 도시 아 촌락

3 비슷한 말 반대말 알기
- 가 소비 나 ↔ 다 도시
- 라 = 마 = 바 ↔

4 큰 말 작은 말 알기
- 가 > 나 해안가 다 갯벌
- 라 > 마 국토 바 영해
- 사 > 아 국가 자 국토

5 관용어 알기
- 가 노릇 나 ③
- 다 찾다. 라 ②

6 어휘 활용하기
- 가 ⑩ 나 ②
- 다 ④ 라 ③
- 마 예 오랫동안 기다려 온 기회를 안타깝게 놓쳤을 때

09회 45쪽~48쪽

퍼즐

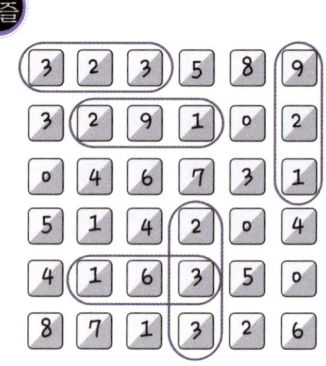

정답

1 가로세로 어휘 찾기

2 어휘 뜻 알기
- 가 암술 나 미생물
- 다 실체 라 순환
- 마 지표 바 며느리
- 사 지렁이 아 받침

3 비슷한 말 반대말 알기
- 가 = 나 ↔ 다 수술
- 라 = 마 = 바 ↔

4 큰 말 작은 말 알기
- 가 > 나 꽃의 생식 기관
- 다 수술 라 <
- 마 환형동물 바 지렁이
- 사 > 아 절지동물
- 자 쥐며느리

5 관용어 알기
- 가 이끼가 끼지 않는다.
- 나 ③ 다 밟으면 꿈틀한다.
- 라 ①

6 어휘 활용하기
- 가 ⑥ 나 ④
- 다 ② 라 ⑨
- 마 예 순하고 착하던 친구가 계속 장난을 치자 화를 낼 때

10회 49쪽~52쪽

퍼즐
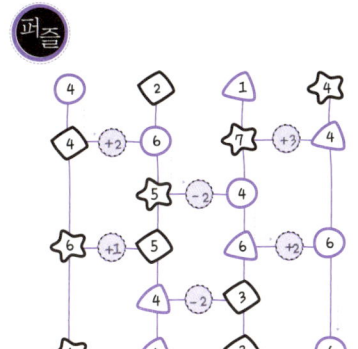

정답

1 가로세로 어휘찾기

마	법	총	명	미	래	집	군	대	결
인	팔	뚝	일	행	꾼	주	고	통	심
생	지	★	샘	구	두	쇠	가	어	귀
사	혜	절	물	작	업	복	난	★	재
냥	★	벽	허	름	한	★	통	장	산

2 어휘뜻 알기
- 가 일행 나 총명
- 다 구두 라 허름
- 마 지혜 바 팔뚝
- 사 군대 아 통장

3 비슷한 말 반대말 알기
- 가 미래 나 ↔ 다 =
- 라 = 마 집중 바 =

4 큰 말 작은 말 알기
- 가 > 나 재산 다 가난
- 라 > 마 시간 바 미래
- 사 < 아 절약 자 구두쇠

5 관용어 알기
- 가 죄다. 나 ②
- 다 절벽이다. 라 ①

6 어휘 활용하기
- 가 ③ 나 ⑤
- 다 ⑧ 라 ⑩
- 마 예 우리 할머니는 연세가 많으셔서 귀가 절벽이다.

11회 53쪽~56쪽

퍼즐
- 문제1 ④
- 문제2 ③

정답

1 가로세로 어휘찾기

영	양	소	노	폐	물	우	유	제	품
탄	단	지	근	성	장	기	레	급	질
수	백	반	육	★	골	격	인	식	인
화	질	무	기	질	곡	류	지	판	덕
물	비	타	민	체	주	오	븐	★	션

2 어휘뜻 알기
- 가 영양소 나 노폐
- 다 성장기 라 무기
- 마 곡류 바 유제
- 사 급식 아 오븐

3 비슷한 말 반대말 알기
- 가 영양소 나 = 다 =
- 라 ↔ 마 = 바 =

4 큰 말 작은 말 알기
- 가 < 나 유제품 다 치즈
- 라 < 마 영양소
- 바 무기질 사 > 아 곡류
- 자 보리

5 관용어 알기
- 가 먹듯 하다. 나 ①
- 다 서다. 라 ②

6 어휘 활용하기
- 가 ② 나 ④
- 다 ⑧ 라 ①
- 마 예 흥부네는 집이 가난해서 굶기를 밥 먹듯 했다.

12회 57쪽~60쪽

퍼즐
- 문제1 (격자)
- 문제2 (원)
- 문제3 ☆

정답

1 가로세로 어휘찾기

가	단	군	철	왕	검	호	익	인	간
락	청	동	기	환	웅	샤	제	산	장
바	★	고	조	선	녀	머	정	지	고
퀴	청	동	거	울	★	니	일	배	인
거	푸	집	토	테	미	즘	치	장	돌

2 어휘뜻 알기
- 가 청동 나 홍, 인
- 다 제사 라 테미즘
- 마 제정 바 거푸
- 사 고인 아 가락

3 비슷한 말 반대말 알기
- 가 왕검 나 = 다 =
- 라 ↔ 마 = 바 =

4 큰 말 작은 말 알기
- 가 > 나 청동기
- 다 고인돌 라 <
- 마 고조선 바 8조법
- 사 > 아 제정 일치
- 자 정치

5 관용어 알기
- 가 두 해가 없다. 나 ①
- 다 내리다. 라 ②

6 어휘 활용하기
- 가 ② 나 ③
- 다 ⑨ 라 ⑩
- 마 예 고인돌은 청동기 시대 족장의 무덤이었다고 한다.

13회 (61쪽~64쪽)

퍼즐

  ㄹ
  ㄷ
  ㅂ

정답

1 가로세로 어휘 찾기

부	귀	영	화	모	깃	불	주	술	적
태	번	경	계	심	털	위	약	효	과
풍	갈	편	★	육	갈	건	망	증	용
★	아	상	초	식	어	깃	장	이	이
피	해	또	래	삿	갓	망	상	대	가

2 어휘 뜻 알기
- 가 부귀영화 나 주술
- 다 위약 라 건망
- 마 어깃 바 옹이
- 사 삿갓 아 평상

3 비슷한 말 반대말 알기
- 가 = 나 ↔ 다 주술적
- 라 초식 마 = 바 =

4 큰 말 작은 말 알기
- 가 < 나 부귀영화 다 지위
- 라 > 마 주술 바 주문
- 사 > 아 동물 자 육식 동물

5 관용어 알기
- 가 지다. 나 ②
- 다 일으키다. 라 ③

6 어휘 활용하기
- 가 ② 나 ⑩
- 다 ③ 라 ⑥
- 마 예) 김연아 선수가 빙상계에 새 바람을 일으키고 있다.

14회 (65쪽~68쪽)

퍼즐

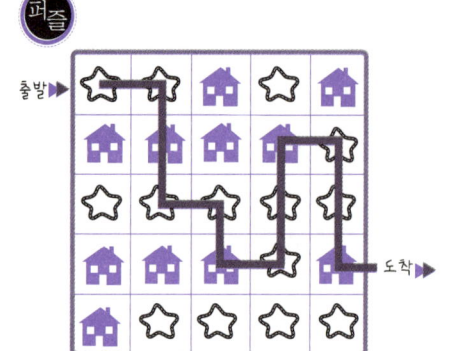

정답

1 가로세로 어휘 찾기

경	쟁	직	업	저	축	능	력	적	성
젠	품	장	종	금	★	음	식	점	광
문	비	디	오	대	여	점	광	제	일
방	서	점	임	소	비	★	업	조	자
구	★	기	업	어	업	축	산	성	리

2 어휘 뜻 알기
- 가 경제 나 경쟁
- 다 직업 라 적성
- 마 일자 바 광
- 사 축산 아 어

3 비슷한 말 반대말 알기
- 가 일자리 나 ↔ 다 서점
- 라 ↔ 마 = 바 =

4 큰 말 작은 말 알기
- 가 > 나 업종 다 광업
- 라 < 마 문방구
- 바 학용품 사 < 아 저축
- 자 예금

5 관용어 알기
- 가 팔다. 나 ②
- 다 여물다. 라 ③

6 어휘 활용하기
- 가 ⑦ 나 ①
- 다 ④ 라 ⑩
- 마 예) 우리 아버지의 직업은 공무원이다.

15회 (69쪽~72쪽)

퍼즐

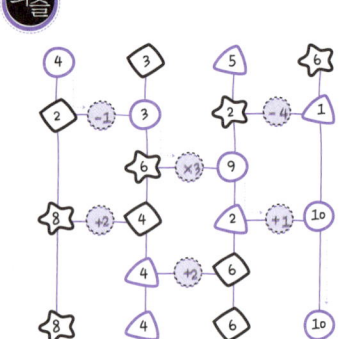

정답

1 가로세로 어휘 찾기

생	장	계	부	영	이	사	막	산	염
적	응	울	환	겨	우	살	이	선	기
유	씨	눈	경	지	시	약	상	추	성
선	앗	작	용	보	호	색	록	★	기
혈	★	물	갈	퀴	침	엽	수	공	생

2 어휘 뜻 알기
- 가 생장 나 염기
- 다 지시 라 기생
- 마 보호 바 겨울
- 사 부엉이 아 물갈퀴

3 비슷한 말 반대말 알기
- 가 염기성 나 ↔
- 다 보호색 라 =
- 마 ↔ 바 ↔

4 큰 말 작은 말 알기
- 가 < 나 성질 다 산성
- 라 > 마 침엽수
- 바 소나무 사 > 아 산성
- 자 레몬

5 관용어 알기
- 가 오리발이다. 나 ③
- 다 잣나무도 기뻐한다. 라 ②

6 어휘 활용하기
- 가 ① 나 ②
- 다 ⑧ 라 ⑨
- 마 예) 내 장난감을 가지고 놀던 친구가 그 장난감을 망가뜨려 놓고는 자기가 안 그랬다고 딱 잡아뗄 때

138

 퍼즐

- 문제1 ②
- 문제2 ④

 퍼즐

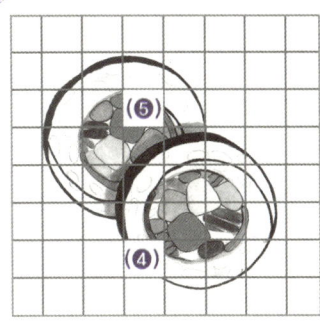

 퍼즐

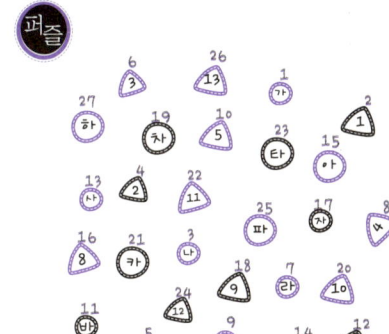

 정답

① 가로세로 어휘 찾기

호	유	연	장	충	무	뚝	뚝	함
사	양	편	학	고	★	소	문	병	선
스	폭	식	금	만	족	극	경	효	잔
럽	다	혈	질	적	극	적	혐	도	소
다	비	웃	음	공	경	고	려	잣	리

② 어휘 뜻 알기
- 가 호사 나 무뚝뚝
- 다 다혈 라 적극
- 마 고려 바 문병
- 사 편식 아 소리

③ 비슷한 말 반대말 알기
- 가 만족 나 = 다 ↔
- 라 ↔ 마 = 바 효도

④ 큰 말 작은 말 알기
- 가 > 나 식사 습관
- 다 편식 라 > 마 성격
- 바 무뚝뚝함 사 <
- 아 태도 자 소극적

⑤ 관용어 알기
- 가 지효(之孝) 나 ①
- 다 잔소리 라 ③

⑥ 어휘 활용하기
- 가 ⑩ 나 ①
- 다 ⑥ 라 ⑤
- 마 예 눈 먼 심봉사를 지극히 돌보는 심청이를 보면 반포지효가 저절로 생각 난다.

 정답

① 가로세로 어휘 찾기

컴	퓨	터	소	바	이	러	스	★	보
모	증	권	프	금	자	예	금	주	험
니	본	수	트	융	결	산	서	지	액
터	체	입	웨	기	★	서	대	출	수
하	드	웨	어	★	가	용	돈	기	입	장

② 어휘 뜻 알기
- 가 소프트 나 보
- 다 증권 라 예산
- 마 바이러스 바 컴퓨
- 사 기입장 아 기관

③ 비슷한 말 반대말 알기
- 가 모니터 나 결산서
- 다 = 라 ↔ 마 = 바 =

④ 큰 말 작은 말 알기
- 가 < 나 컴퓨터
- 다 모니터 라 <
- 마 금융 기관
- 바 증권 회사 사 >
- 아 회계 자 예산

⑤ 관용어 알기
- 가 굴리다. 나 ③
- 다 태산 라 ②

⑥ 어휘 활용하기
- 가 ⑥ 나 ④
- 다 ① 라 ⑩
- 마 예 티끌 모아 태산이라고 지금 저금통에 하나 둘씩 넣은 동전이 나중에는 큰 돈이 된다.

정답

① 가로세로 어휘 찾기

제	천	행	사	신	라	건	국	도	읍
8	골	순	왕	위	마	시	녀	★	식
조	품	장	검	가	은	조	태	자	민
법	제	★	선	문	★	백	제	★	지
노	비	인	질	★	자	명	고	구	려

② 어휘 뜻 알기
- 가 순장 나 건국
- 다 도읍 라 제천
- 마 왕검 바 고구려
- 사 자명 아 성문

③ 비슷한 말 반대말 알기
- 가 도읍 나 = 다 ↔
- 라 = 마 ↔ 바 =

④ 큰 말 작은 말 알기
- 가 > 나 삼국 시대
- 다 백제 라 >
- 마 시조(始祖) 바 주몽
- 사 < 아 제천 행사
- 자 영고

⑤ 관용어 알기
- 가 일으키다. 나 ①
- 다 세우다. 라 ③

⑥ 어휘 활용하기
- 가 ④ 나 ①
- 다 ⑨ 라 ⑩
- 마 예 곽재우 장군은 전쟁으로 곤란에 빠진 백성들을 구할 뜻을 세우고 의병을 일으켰다.

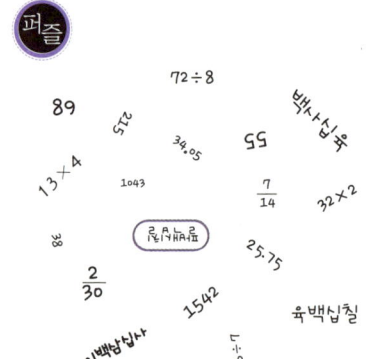
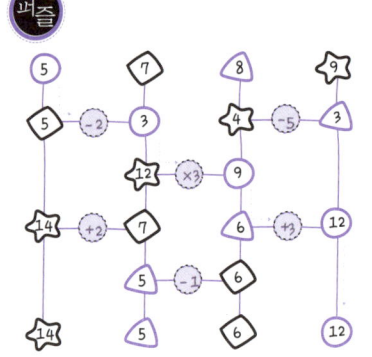
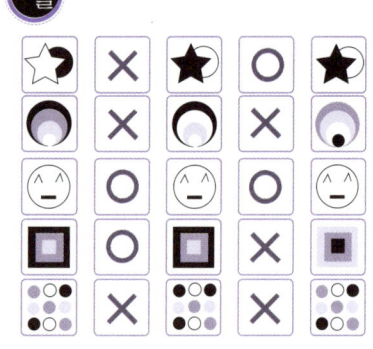

19회 정답

1 가로세로 어휘 찾기

여	물	다	돌	연	변	이	비	침	공
★	억	지	옷	자	락	★	린	출	강
걱	정	거	리	귓	인	향	내	발	요
씨	대	반	딧	불	연	본	성	점	★
눈	알	부	담	★	새	끼	줄	유	래

2 어휘 뜻 알기
- 가) 여물 나) 걱정
- 다) 본성 라) 유래
- 마) 강요 바) 귓불
- 사) 씨눈 아) 반딧

3 비슷한 말 반대말 알기
- 가) = 나) ↔ 다) =
- 라) = 마) = 바) 억지

4 큰 말 작은 말 알기
- 가) < 나) 냄새 다) 향내
- 라) > 마) 귀 바) 귓불
- 사) > 아) 옷 자) 옷자락

5 관용어 알기
- 가) 춘향이 나) ②
- 다) 태산 라) ③

6 어휘 활용하기
- 가) ⑨ 나) ④
- 다) ⑥ 라) ③
- 마) 예) 공부를 하나도 안 했는데 갑자기 시험을 본다니 걱정이 태산이다.

20회 정답

1 가로세로 어휘 찾기

수	입	통	조	림	첨	식	무	공	해
출	선	박	분	야	단	수	개	정	노
부	품	기	술	주	산	환	최	치	사
항	공	기	경	공	업	경	★	관	협
만	재	래	공	업	기	계	화	세	력

2 어휘 뜻 알기
- 가) 수출 나) 경공
- 다) 재래 라) 관세
- 마) 노사 바) 통조림
- 사) 선 아) 항공

3 비슷한 말 반대말 알기
- 가) 수입 나) = 다) ↔
- 라) = 마) = 바) =

4 큰 말 작은 말 알기
- 가) < 나) 무역 다) 수입
- 라) < 마) 첨단 산업
- 바) 이동 통신 사) <
- 아) 중공업 자) 조선업

5 관용어 알기
- 가) 뿌린 듯이 나) ①
- 다) 박은 듯하다. 라) ③

6 어휘 활용하기
- 가) ⑦ 나) ⑤
- 다) ① 라) ⑨
- 마) 예) 수출로 벌어들인 많은 외화를 다시 사치품을 수입하느라 쓰고 있다.

21회 정답

1 가로세로 어휘 찾기

화	산	용	암	토	양	석	회	★	산
지	활	화	산	★	화	성	암	화	성
표	사	마	그	마	강	온	전	학	비
면	화	★	현	무	암	천	동	비	병
화	산	탄	주	상	절	리	★	료	렬

2 어휘 뜻 알기
- 가) 마그 나) 화산
- 다) 주, 절 라) 전동기
- 마) 현무 바) 화산
- 사) 직렬 아) 병렬

3 비슷한 말 반대말 알기
- 가) 용암 나) ↔ 다) 병렬
- 라) ↔ 마) 토양 바) ↔

4 큰 말 작은 말 알기
- 가) < 나) 화산 다) 사화산
- 라) < 마) 화산암
- 바) 현무암 사) >
- 아) 연결 자) 병렬

5 관용어 알기
- 가) 바위 치기 나) ①
- 다) 깔다. 라) ③

6 어휘 활용하기
- 가) ⑧ 나) ⑩
- 다) ⑤ 라) ⑦
- 마) 예) 작은 덩치의 친구가 동네의 덩치 큰 형을 혼내 주겠다며 벼를 때

140

 ❷
 ❶

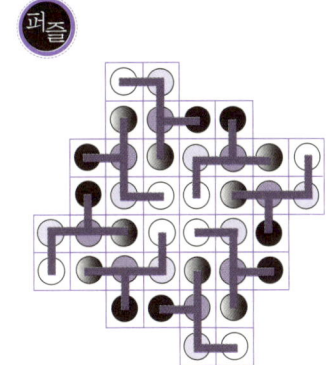
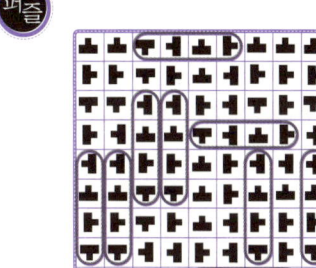

1 가로세로 어휘 찾기

님	비	현	상	권	리	양	성	차	별
핌	거	절	★	임	요	구	다	수	결
피	눈	두	레	폭	력	물	무	분	별
현	시	따	돌	림	개	인	정	보	★
산	송	품	앗	이	다	양	성	특	허

2 어휘 뜻 알기
- 가 품앗이 나 권리
- 다 두레 라 다양
- 마 특허 바 님비
- 사 다,결 아 따돌

3 비슷한 말 반대말 알기
- 가 ↔ 나 ↔ 다 =
- 라 ↔ 마 권리 바 ↔

4 큰 말 작은 말 알기
- 가 > 나 상부상조
- 다 두레 라 >
- 마 마음 표현 바 거절
- 사 < 아 사회 현상
- 자 님비

5 관용어 알기
- 가 사람 밑에 사람 없다.
- 나 ① 다 손발이 맞아야 한다.
- 라 ③

6 어휘 활용하기
- 가 ⑦ 나 ⑨
- 다 ② 라 ⑩
- 마 예) 내 짝이 뒷자리의 민서와만 어울리는 것을 보니 왠지 내가 따돌림 당하는 느낌이 들었다.

1 가로세로 어휘 찾기

정	전	증	스	피	커	회	석	유	스
건	압	폭	배	선	넥	로	탄	★	위
전	필	라	멘	트	터	저	항	값	치
지	백	열	전	구	땜	납	플	러	그
형	광	등	트	랜	지	스	터	인	두

2 어휘 뜻 알기
- 가 전압 나 증폭
- 다 배선 라 회로
- 마 넥터 바 백열
- 사 러그 아 건전지

3 비슷한 말 반대말 알기
- 가 = 나 플러그
- 다 = 라 = 마 =
- 바 스피커

4 큰 말 작은 말 알기
- 가 > 나 전구 다 형광등
- 라 < 마 화석 에너지
- 바 석유 사 >
- 아 전기 에너지 자 전류

5 관용어 알기
- 가 등불 나 ②
- 다 죽이다. 라 ①

6 어휘 활용하기
- 가 ③ 나 ⑩
- 다 ⑨ 라 ①
- 마 예) 늦은 밤에는 텔레비전이나 음악 소리가 이웃에게 들리지 않도록 소리를 죽여야 한다.

1 가로세로 어휘 찾기

요	동	항	산	동	반	도	정	★	칼
서	굴	복	전	아	벼	슬	통	폭	잡
태	수	군	쟁	시	권	충	성	군	이
못	황	건	적	아	력	★	별	구	★
기	★	포	로	나	랏	일	독	재	상

2 어휘 뜻 알기
- 가 벼슬 나 폭군
- 다 독재 라 황, 적
- 마 권력 바 산동
- 사 수군 아 봉황

3 비슷한 말 반대말 알기
- 가 성군 나 = 다 =
- 라 = 마 ↔ 바 =

4 큰 말 작은 말 알기
- 가 > 나 동아시아 다 한국
- 라 > 마 벼슬 바 태수
- 사 > 아 임금 자 폭군

5 관용어 알기
- 가 나랏님도 못 한다. 나 ②
- 다 뜻은 낮춘다. 라 ①

6 어휘 활용하기
- 가 ② 나 ③
- 다 ⑧ 라 ⑤
- 마 예) 과거에는 우리나라에도 독재 정권이 있었다.

25회 109쪽~112쪽

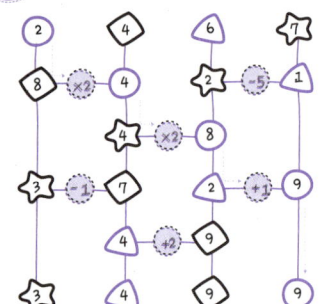

정답

① 가로세로 어휘 찾기

언	론	사	조	물	주	앙	증	스	런
환	고	인	쇄	암	금	채	비	호	령
주	탁	발	★	자	뜨	고	시	십	★
조	판	함	지	박	다	야	래	장	갱
접	목	시	치	미	예	불	기	새	보

② 어휘 뜻 알기
- 가 언론 나 인쇄
- 다 채비 라 탁발
- 마 접목 바 함지
- 사 장생 아 래기

③ 비슷한 말 반대말 알기
- 가 조물주 나 = 다 ↔
- 라 = 마 = 바 =

④ 큰 말 작은 말 알기
- 가 > 나 언론사 다 신문사
- 라 > 마 십장생 바 구름
- 사 > 아 불교 자 탁발

⑤ 관용어 알기
- 가 외듯 나 ②
- 다 쪽박만 깬다. 라 ③

⑥ 어휘 활용하기
- 가 ⑨ 나 ②
- 다 ③ 라 ⑩
- 마 예) 엄마와 함께 할머니 댁에 갈 채비를 했다.

26회 113쪽~116쪽

정답

① 가로세로 어휘 찾기

★	문	사	떡	자	투	리	풍	어	제
책	갑	회	상	화	차	★	산	신	제
자	본	주	의	초	서	대	종	교	자
단	청	의	기	각	낭	원	불	교	격
네	티	켓	화	보	다	참	성	단	루

② 어휘 뜻 알기
- 가 사회 나 자투
- 다 풍어 라 서낭
- 마 참성 바 문
- 사 화차 아 단청

③ 비슷한 말 반대말 알기
- 가 = 나 ↔ 다 =
- 라 = 마 자격루 바 =

④ 큰 말 작은 말 알기
- 가 < 나 제사 다 산신제
- 라 > 마 경제 방식
- 바 자본주의 사 > 아 종교
- 자 원불교

⑤ 관용어 알기
- 가 단청 구경 나 ③
- 다 주무르듯 하다. 라 ②

⑥ 어휘 활용하기
- 가 ④ 나 ③
- 다 ⑥ 라 ⑨
- 마 예) 축구를 잘하는 기정이는 공을 떡 주무르듯 한다.

27회 117쪽~120쪽

정답

① 가로세로 어휘 찾기

태	양	위	별	자	리	토	우	주	선
양	행	성	지	구	화	성	주	혜	혜
계	천	탐	사	목	온	회	인	성	왕
광	체	공	금	성	낭	계	천	왕	성
속	자	전	축	에	너	지	망	원	경

② 어휘 뜻 알기
- 가 천체 나 행성
- 다 위성 라 자전축
- 마 광속 바 자리
- 사 토성 아 망원경

③ 비슷한 말 반대말 알기
- 가 광속 나 ↔ 다 =
- 라 = 마 ↔ 바 =

④ 큰 말 작은 말 알기
- 가 > 나 행성 다 지구
- 라 < 마 우주선
- 바 우주왕복선 사 >
- 아 천체 자 행성

⑤ 관용어 알기
- 가 달이 바뀌다. 나 ③
- 다 화초 라 ②

⑥ 어휘 활용하기
- 가 ③ 나 ④
- 다 ⑧ 라 ②
- 마 예) 할머니는 막내 이모를 온실 속의 화초처럼 곱게 키웠더니 살림을 할 줄 몰라 큰일이라며 걱정을 하셨다.

142

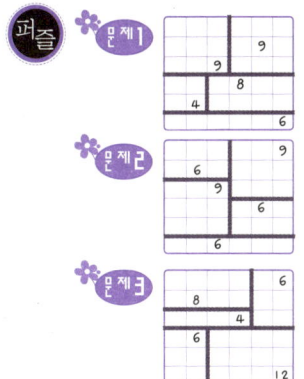
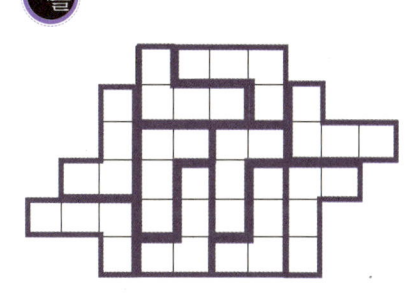
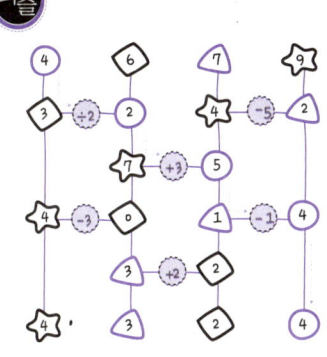

28회

정답

1 가로세로 어휘찾기

의	견	능	률	적	회	의	문	사	수
주	타	협	표	결	불	주	화	물	구
장	양	불	동	재	편	축	교	놀	풍
과	보	만	의	청	피	돌	류	이	습
전	민	주	사	회	주	인	의	식	

2 어휘뜻 알기
- 가 의견 나 타협
- 다 수구 라 풍습
- 마 민주 바 주춧
- 사 사물 아 양보

3 비슷한 말 반대말 알기
- 가 = 나 ↔ 다 =
- 라 동의 마 ↔ 바 피해

4 큰 말 작은 말 알기
- 가 > 나 회의 다 표결
- 라 > 마 사물놀이
- 바 꽹과리 사 < 아 풍습
- 자 풍속

5 관용어 알기
- 가 세우다. 나 ①
- 다 돌리다. 라 ③

6 어휘 활용하기
- 가 ⑩ 나 ③
- 다 ⑧ 라 ②
- 마 예) 나는 부모님의 말씀을 듣고 생각을 돌렸다.

29회

정답

1 가로세로 어휘찾기

손	바	느	질	압	착	시	침	홈	대
헝	양	천	연	섬	유	박	음	질	바
겊	털	펄	프	날	직	겉	뜨	기	늘
목	화	솜	씨	실	물	부	직	포	뜨
누	에	고	치	스	킬	자	수	★	기

2 어휘뜻 알기
- 가 압착 나 시침
- 다 천연 라 펄프
- 마 날실 바 홈질
- 사 대바늘 아 목화

3 비슷한 말 반대말 알기
- 가 = 나 겉뜨기 다 =
- 라 씨실 마 = 바 ↔

4 큰 말 작은 말 알기
- 가 > 나 직물 다 날실
- 라 > 마 대바늘뜨기
- 바 안뜨기 사 >
- 아 천연 섬유 자 면

5 관용어 알기
- 가 실 간다. 나 ②
- 다 소도둑 된다. 라 ①

6 어휘 활용하기
- 가 ③ 나 ④
- 다 ⑥ 라 ②
- 마 예) 바늘 가는 데 실 간다고 아버지가 가는 곳이면 어디든지 어머니는 함께 가신다.

30회

정답

1 가로세로 어휘찾기

지	배	보	루	왕	권	강	화	농	관
날	외	척	외	교	태	계	서	경	아
수	을	진	대	법	자	림	라	문	부
대	파	정	예	병	설	화	벌	화	역
첩	소	황	곡	제	도	삼	한	시	대

2 어휘뜻 알기
- 가 외척 나 라벌
- 다 진대 라 부역
- 마 외교 바 농경
- 사 루 아 삼한

3 비슷한 말 반대말 알기
- 가 = 나 = 다 =
- 라 = 마 = 바 =

4 큰 말 작은 말 알기
- 가 > 나 삼한 다 변한
- 라 > 마 외척 바 외삼촌
- 사 < 아 신라 자 서라벌

5 관용어 알기
- 가 물을 먹다. 나 ①
- 다 될수록 준다. 라 ②

6 어휘 활용하기
- 가 ② 나 ⑦
- 다 ⑥ 라 ①
- 마 예) 세계화 시대인 지금 다른 나라와의 외교 관계가 그 어느 때보다 중요하다.